村田忠禧

史料徹底検証
尖閣領有

花伝社

史料徹底検証　尖閣領有

目　次

はじめに 5

第1章　琉球国から沖縄県へ　15

琉球処分 …… 15
旧慣温存政策 …… 17
琉球分島問題 …… 21
揺れる沖縄県治の方向 …… 23

第2章　西村捨三と沖縄県　27

第四代県令　西村捨三 …… 27
西村捨三の沖縄県県治の方向 …… 35

第3章　国標建設中止の経緯　45

沖縄県近海無人島の取り調べ …… 45
大東島の沖縄県への編入 …… 48
上海『申報』掲載「台島警信」の謎 …… 52
国標建設への懸念表明 …… 59
不要のコンプリケーションを避けること …… 63
外務省の詭弁 …… 67
11月5日の西村県令の上申について …… 69
内務省「公文別録」に収録されていない …… 72
目下建設を要せざると心得べきこと …… 75
西村の沖縄県政は政府から称賛された …… 79

第4章　「たび重なる調査」はなかった　81

「帝国版図関係雑件」から見えてくる真実 …… 81

西村捨三は土木局長に転出 …… *82*
　　那覇には11月5日の僭称上申が残っていた …… *86*
　　丸岡知事の立場から考えてみると…… …… *88*
　　軍艦「海門」による探検をめぐるやりとり …… *89*
　　奈良原知事も指令見直しを求める …… *93*
　　軍艦「金剛」による実地調査はなかった …… *98*

第5章　戦勝に乗じた領有行為　*107*

　　日清戦争における日本の圧勝 …… *107*
　　1885年当時と何が異なるのか …… *109*
　　ラレー岩・赤尾嶼・久米赤島・大正島の謎 …… *118*
　　編入の事実を内外に公表しなかった …… *119*

第6章　事実を尊重する精神の大切さ　*121*

　　外務省条約局の版図編入経緯説明 …… *121*
　　意図的に照会を怠った領有行為 …… *128*
　　事実を認める誠実さが大切 …… *130*

付録史料

　　1885年の沖縄県近海無人島巡視取調関係文書　*144*
　　西村捨三の沖縄県県治の方策関係史料　*167*
　　1885年11月5日付西村捨三僭称上申に依拠する文書　*189*
　　参考資料　*197*

あとがき　*199*

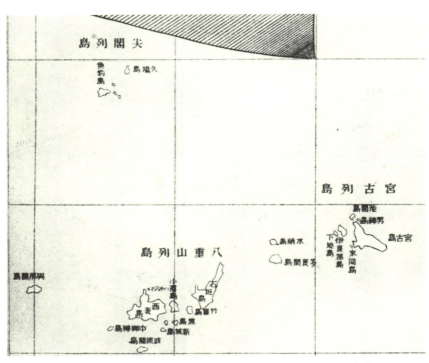

沖縄県庁「沖縄県管内全図」(部分) 明治39 (1906) 年2月 久米赤島が掲載されていない。本書118頁を参照のこと　http://kidai.ndl.go.jp/info:ndljp/pid/1089186

はじめに

　筆者は 2013 年 6 月に『日中領土問題の起源　公文書が語る不都合な真実』を花伝社から出版した。
　同書で琉球王国と中国（明、清）、日本（薩摩藩、徳川幕府）との関係、さらには明治維新後に琉球王国が廃絶され、沖縄県として日本国に組み込まれた後、1895 年に日清戦争における戦勝の結果として、台湾、澎湖諸島は下関条約で公式に、魚釣島、久場島はこっそりと日本のものになっていった過程を明らかにした。この歴史についてはすでに井上清が『「尖閣」列島――釣魚諸島の史的解明』（1972 年 10 月　現代評論社、現在は『新版「尖閣」列島――釣魚諸島の史的解明』として第三書館から刊行されている）で明らかにしているのだが、日本ではその研究成果は無視されてきた。
　インターネットが発達し、情報公開が進展するなか、「アジア歴史資料センター」（http://www.jacar.go.jp/）などでの歴史資料の画像電子化作業が進展し、大量の歴史文書が公開され、誰もが自由にそれを利用できる時代になった。筆者はその電子データを積極的に活用して『日中領土問題の起源』を書き、論拠を読者自身が確認できるよう、レファレンスコードやサイトの URL を本文中に明示しておいた。国立国会図書館デジタルコレクション（http://dl.ndl.go.jp/）でも図書類の電子化作業が進展し、明治期の『官報』を自宅のパソコンで読むことができるという大変便利な時代だ。その恩恵を蒙り、井上清の研究成果を補強する歴史事実の新発見もあった。
　筆者は日中近代史、琉球・沖縄史の専門家ではない。したがって『日中領土問題の起源』執筆にあたって、間違った記述や重大な史実の見落としなどをしていないか、非常に気がかりであった。中国への旅行中にゲラの校正をしたこともあり、内容の点検に不十分な点があったのは事実だが、

主旨において変更すべき点は今のところ見つかっていない。
　ただ残念なことに『日中領土問題の起源』について、日本の専門家からのきちんとした書評を目にすることができていない。以前より利用可能な資料が豊富になったため、井上清の成果を超える重要な発見があるにも関わらず、マスコミからはまったく無視された。「黙殺」という処遇においては井上清と同等の扱いを受けている。
　とはいえ、幸いなことに中国の研究者からは注目され、北京にある社会科学文献出版社から 2013 年 10 月に『日中領土争端的起源　従歴史档案看釣魚島問題』という書名で全訳出版された。今年（2014 年）4 月には台湾の中央研究院近代史研究所が主催する「多元的視野下的釣魚台問題新論」国際シンポジウムに招かれ、「日本の『尖閣』領有過程の検証」という報告をする機会も与えられた。
　日本で拙著を実際に読んでくださった読者からの感想が Amazon.co.jp のカスタマーレビューに載っている。「明治維新後の体制歴史への反省の一面を突く。目が覚める思い。永久保存版。」(inoue terusige)、「真実を教えてくれる貴重な一冊」（知識探偵）という積極的な評価をいただいた。「知識探偵」さんのレビューは以下の通り。

　　よくありがちな断片的な情報を意図的につなぐ本ではなく、
　　客観的事実を論理的に展開するアプローチで真実に迫っている。
　　ジャーナリストのテレビ解説と違って歴史学者の研究成果という印象。
　　とてもまじめな著作で高い信憑性を感じた。目が覚める読後感。
　　客観的事実を知りたい人にはお薦めの一冊！

　　一方で読後日本国民の真実を知る権利は政府やメディア報道から
　　奪われたのではという疑問も湧く。
　　このままの日本は本当に民主主義国家と言えるでしょうか。
　　憲法をかえるよりはもっと真実を国民に教えてほしい…

　ここにあえて紹介させていただき、感謝の意を表します。

中国語版についても Amazon.cn（亜馬遜）の「商品評論」にさまざまな読後感が掲載されている。その数は日本より多い。とりわけ「月光灰」さん（面識はないが、訳者の一人とのこと）の評価は嬉しい。

　本书作者客观地叙述了中日两国的历史，并希望从历史角度找到突破口，求得两国的和平、友好。作者冷静的态度和理智的思考深深触动着我，并使我展开了更广阔的思考空间。真心希望此书能够得到广大读者的支持，希望两国关系稳定、长久。
（本書の著者は中日両国の歴史を客観的に叙述し、歴史の角度から突破口を探し当てて、両国の平和、友好が得られることを願っている。著者の冷静な態度と理知的な思考は、私の心を深く揺り動かし、広々とした思考の空間を提供してくれた。本書が広範な読者に支えられ、両国関係が安定し、いつまでも良好であることを、心から願っている。）

　このように、面識もないさまざまな読者から温かい励ましの言葉をいただいた。

　『日中領土問題の起源』では 1895 年に日本政府が魚釣島、久場島を領有するまでの過程を明らかにしたので、次は日本の領有以降の問題点を明らかにし、そのうえでこの問題を平和的に解決するにはどのような努力が必要なのかを問題提起するつもりでいた。
　しかしいざ執筆を始め、執筆方針を変更する必要性を意識するようになった。
　日本で発行される日中関係を扱った書籍、とりわけ「尖閣諸島」問題に関係する書籍の大半は「日本固有の領土」を所与の事実として扱っており、「尖閣諸島」と今日称される無人の島嶼がどのような経緯で日本に編入されたのか、その編入経緯に問題はないのか——つまり「日本の固有領土」論が果たして成り立つのか——をきちんと分析、研究した著作はほとんど見当たらない。
　それだけでなく、琉球・沖縄の歴史を扱った専門書、たとえば沖縄県の

「正史」とも言うべき『沖縄県史』各論編5　近代（2011年2月　沖縄県教育委員会発行）においても、「尖閣諸島」が沖縄県に編入される経緯については不思議なことにまったく記述がない。沖縄の研究者だけでなく、日本の学者・研究者は日本の領有過程について具体的に研究することを意識的に避けている。「尖閣」領有過程を明らかにすることは学問の世界では「立入禁止地域」になっているように見受けられる。

現実に人々が生活を営んでいる琉球・沖縄や台湾の問題に比べれば、小さな無人島の問題を、あたかも天下・国家の一大事であるかのように騒ぎ立てる必要はない。それはまったくその通り。筆者は前からそう思っている。

しかし現実にこの小さな無人島の領有権をめぐって日中両国政府の主張が対立し、外交だけでなく、経済や人的交流など、さまざまな分野に悪影響を与えている。そのような現実を前にして、あえて火中の栗を拾うようなことはしない、と保身に回る対応が、学者・研究者として正しいのだろうか。

真実を探求する精神を放棄し、われ関せず、と沈黙を守るのか。あるいは時の権力者の意向、それを受けたマスコミが作り上げる「世論」の流れを読み、上手にその波に乗って立ち回る、という曲学阿世の徒を目指すのか。学問研究を志す一人一人の真価が問われている。

しかも深刻なことに、問題は教育分野にまで及びつつある。

文部科学省初等中等教育局長は2014年1月28日に「『中学校学習指導要領解説』及び『高等学校学習指導要領解説』の一部改訂について」という「通知」を全国の学校教育担当者に発した。http://www.mext.go.jp/a_menu/shotou/new-cs/youryou/1351334.htm

どのような改訂なのかを「中学校社会」の改定箇所で見てみよう。

　地理的分野において、竹島について、我が国の固有の領土であることや韓国によって不法に占拠されていること、韓国に対して累次にわたり抗議を行っていること等を扱うことを明記したこと。また、尖閣諸島については、我が国の固有の領土であり、また現に我が国がこれ

を有効に支配しており、解決すべき領有権の問題は存在していないこと等を理解させることを明記したこと。
　歴史的分野において、明治期に我が国が国際法上正当な根拠に基づき竹島、尖閣諸島を正式に領土に編入した経緯に触れることを明記したこと。
　公民的分野において、北方領土や竹島に関し未解決の問題が残されていることや、現状に至る経緯、我が国が正当に主張している立場、我が国が平和的な手段による解決に向けて努力していることを理解させることを明記したこと。また、尖閣諸島については、現状に至る経緯、我が国の正当な立場、解決すべき領有権の問題は存在していないことを理解させることを明記したこと。

　これを受けて「文部科学省は4日、来春から小学校で使う教科書の検定結果を発表し」、「島根県の竹島、沖縄県の尖閣諸島について、小学教科書では初めて『日本固有の領土』と明記された」(『読売新聞』2014年4月4日)。
「教育基本法」の第二条には「教育は、その目的を実現するため、学問の自由を尊重しつつ、次に掲げる目標を達成するよう行われるものとする」として、「教育の目標」の第一は「幅広い知識と教養を身に付け、真理を求める態度を養い、豊かな情操と道徳心を培うとともに、健やかな身体を養うこと」としている。
　しかし2014年1月28日の学習指導要領の改訂で提示されているのは「真理を求める態度を養い」という教育の目標とは真っ向から対立した、時の権力者の意向・主張をただ鵜呑みする人間を作り上げることを求めるものであり、「教育基本法」が掲げる教育の目標とはまったく相容れない。このような指導要領のもとで教育が実施されるとしたら、日本の将来はどうなっていくのだろうか。想像しただけでも恐ろしい。

　このような現実を前にして、筆者は続編の執筆方針を軌道修正した。
　何を根拠に「尖閣諸島」が「日本の固有領土」であると言えるのか。事

実に基づいて考えるための素材を提供する必要がある。

　沖縄県が日本国を構成する一つの県であることは国際社会において公認された事実だが、日本の歴史を学んだことのある人なら、沖縄県を日本の「固有の領土」とは言わない。なぜならかつては琉球王国という、小さいながらも独立した国家として存在していた。その琉球王国が明治政府により琉球藩にされ、さらにはその琉球藩を廃止し、沖縄県となった事実（いわゆる1879年の「琉球処分」）があるから、沖縄は日本の「固有の領土」とは言わないし、言えないのだ。

　今日、日本のテレビや新聞の報道は「沖縄県尖閣諸島」あるいは「沖縄県の尖閣諸島」という表現を用いている。それでは沖縄県が設置された1879年に「尖閣諸島」は沖縄県の管轄下に入ったのか。

　そうではない。1895年1月の閣議決定による、というのが日本政府の見解である。

　なぜ1879年の時点で沖縄県の一部として日本の領土に組み込まなかったのか。答えは簡単。そもそも琉球王国に「尖閣諸島」は含まれていないからである。

　沖縄県は日本の固有の領土とは言えないし、言わないのに、後から沖縄県に編入した「尖閣諸島」を日本の「固有の領土」と主張するのは、どう考えても理屈が通らない。

　なぜ日本政府は1895年1月になって魚釣島、久場島を沖縄県の管轄下に置くとする閣議決定を行ったのだろうか。

　そもそも1895年はどういう年なのか。これについては中学校でも学ぶであろう。前年から始まった中国との戦争（日清戦争）で日本は勝利を収め、4月に「下関条約」（中国では「馬関条約」と呼ぶ）で台湾、澎湖諸島を清国から「割譲」させ、日本の植民地にした。その同じ年の1月に「尖閣」は日本に編入された、というのだから、「尖閣」の編入と台湾の「割譲」との間に何らかの関連性があるのではなかろうか、と頭を働かせるのは至極当然の発想である。

　このような素朴な、しかもきわめて真っ当な疑問、質問が教育の現場で湧き出てくるのではなかろうか。幅広い知識と教養を身に付け、真理を求

める態度を養うことが教育の目標であるのだから、教える側もそのような問いかけを真面目に受け止め、誤魔化さず、確かな事実に基づいて丁寧に説明をしていくべきである。日本の固有の領土だ、領土問題は存在しない、と問答無用の強圧的態度を示すことは最も教育にふさわしくない対応である。

　以上のことから本書の執筆方針を、可能な限り事実に基づき歴史の本来の姿を再現することにした。

　幸いなことに当時の公文書類の多くが画像データとして公開されており、誰もが平等に利用できる。しかしこれら手書きの文献はそのままでは判読しにくいし、明治期の「候文（そうろうぶん）」で書かれた文書であるため、今日の表記法、用語と異なるところが多く、読み解くのも容易ではない。筆者自身がこの道の専門家ではないので、判らない点がいろいろある。調べていくなかで一つの疑問が解けたと思いきや、また新たな疑問が湧き出てくる……という際限のない作業になってしまい、執筆も遅々としたものとならざるを得なかった。ただそうした手さぐりとも言うべき作業の連続のなかにこそ、真理探究の奥深さ、学問研究の面白さを感ずるものである。

　本書は日本政府の「尖閣」領有過程の検証に的を絞り、1885年から1895年までの時期を検討対象にし、当時の内務省、外務省等の公文書をできる限り漏れなく集め、丹念に整理し、事実がどのように展開して行ったのかを公文書の記録に基づいて解明したものである。付録としてその根拠となる史料を収録し、読者諸氏がご自身で検証できるようにしている。筆者の分析に疑問が生じた場合は、ぜひ根拠としている付録史料を見ていただきたい。本書の最も価値ある部分はこれらの史料群と言っても過言ではない。

　本書で扱った内容が日中間の領土問題のすべてではない。その後に発生する事態についても分析すべきことが多々あるが、領土問題発生の発端期の真相を明らかにすることはきわめて重要である。そうであるにも関わらず、避けて通ろう、都合の悪い部分は触れまい、とする傾向が見られるので、なおのこと詳細に検討せざるを得なかった。

　原文の公文書は漢字カナ混じり文であるが、カタカナ文字では読みにく

いので、ひらがなに直した。漢数字も年月日等については算用数字に直した。句読点は筆者が付けた。一部にはルビも付けた。〔　〕で括った箇所は筆者が追加したものである。いずれもオリジナルは画像データとして入手可能なので、オリジナルを重視される方はそちらと対照していただければ問題点は解決すると思われる。

　なお本書では「尖閣諸島」という表記をしているが、「尖閣諸島」とは英国海軍の海図に載った"The Pinnacle Islands"に由来するものであって、当時の日本の文献には「尖閣諸島」という用法は存在しない。そのことを承知のうえで敢えて用いている。

　「実事求是」（事実に基づいて真理を探究する）という精神を尊重し、じっくりと読み、考えていただけると有り難い。

　以下に主要史料の来源のサイトを紹介しておく。

① **アジア歴史資料センター**　http://www.jacar.go.jp/

　アジア歴史資料センターでは、国立公文書館、外務省外交史料館、防衛省防衛研究所戦史研究センターが保管するアジア歴史資料のうち、デジタル化が行われたものから順次、提供したものである。なお、原資料は各所蔵機関にて保管している。（同センターの説明に基づく）

　A（国立公文書館）、B（外務省外交史料館）、C（防衛省防衛研究所）から始まる11桁のレファレンスコードを表記することになっており、本書において例えば（B03041152300）という出典が示されていたら、アジア歴史資料センターのトップページで「検索」という文字のある左側枠にB03041152300を入力すれば、ただちにその文献「沖縄県久米赤島、久場島、魚釣島へ国標建設ノ件 明治十八年十月」にたどり着くことができる。

　あるいは「詳細検索」を選んで、さまざまなキーワードや時期指定で、めざす文献を探し出すことができる。資料を閲覧するには「DjVu ブラウザプラグイン」という無料ソフトをダウンロードする必要がある。

アジア歴史資料センター

② 外務省日本外交文書デジタルアーカイブ

　http://www.mofa.go.jp/mofaj/annai/honsho/shiryo/archives/index.html
『日本外交文書』のデジタル画像を閲覧することができる。
　http://www.mofa.go.jp/mofaj/annai/honsho/shiryo/archives/mokuji.html
『日本外交文書』は書籍としても刊行されているが、それをわれわれはこのホームページから閲覧することもできるし、ダウンロードすることもできる。

外務省日本外交文書デジタルアーカイブ

国会図書館　電子図書館　近代デジタルライブラリー

③　国会図書館　電子図書館　近代デジタルライブラリー

　http://kindai.ndl.go.jp/

　本書の執筆にあたっては国会図書館がデジタル化した明治期の「図書」をいろいろと活用させてもらった。

　また『官報』(明治16年創刊)の閲覧・ダウンロードが可能となったことは大変役立った。

　この他に大学など研究機関で歴史史料のデジタル化、公開化が進んでいる。それらを積極的に利用することは、主体的に問題を分析する能力を付けるうえで大変役立つ。ぜひ本書を手がかりにして、問題の所在を客観的、科学的に分析し、冷静かつ総合的に考える契機としていただきたい。

第1章　琉球国から沖縄県へ

琉球処分

　アヘン戦争（1839～42年）で英国に敗北した清国の弱体ぶりが明らかになり、列強は次々と戦争をしかけては、1842年の英国との「南京条約」、43年の「虎門寨追加条約」、44年にはアメリカとの「望厦条約」、フランスとの「黄埔条約」と相次いで清国に不平等条約を結ばせた。この時期、清国を頂点とする東アジアの国際支配秩序は大きく揺らぎ始めていった。
　清国の宗主国としての地位を認めず、独自の鎖国・海禁政策を実施してきた日本の徳川政権も、太平洋航路の開設を目指していたアメリカから開国を迫られ、ペリーが率いる艦隊の到来により1854年3月に日米和親条約を締結せざるを得なかった。ペリーは那覇にも立ち寄り、同年7月に琉球国との間で修好条約を結ばせることにも成功した。
　「鎖国」政策放棄による衝撃は日本国内の政治対立を激化させ、徳川幕藩体制の崩壊をもたらした。将軍徳川慶喜が朝廷に大政を奉還し、天皇を頂点とする明治維新政府が誕生する。版籍奉還（1869年）、廃藩置県（1871年）と相次ぐ措置により中央集権国家体制が作られ、文明開化、富国強兵、殖産興業を旗印に積極的な近代化策が進められていった。廃藩置県により薩摩藩、大隅藩、日向藩はまとめられて鹿児島県となり、これまで薩摩の実質的統治下にあった琉球王国はひとまず鹿児島県の管下に置かれた。
　徳川政権下では、長崎における通商のみに限定した関係であった清国と、「万国公法」の原則に基づく外交関係の樹立が必要となった明治政府は、1871年9月に「同心協力」をうたった「日清修好条規」を締結した。これは日本が外国と締結した初の平等条約であった。

図1　最後の国王　尚泰

　徳川政権下においては琉球王国を形のうえでは独立国として扱い、清国を宗主国とする独自の親密な関係を維持することを認め、利用してきたが、明治政権になるや、琉球を日本の単独支配下に置くことの必要性が生じた。しかし琉球王国はすでにアメリカ以外にもフランス、オランダなどとも独自に修好条約を結んでおり、とりわけ500年の長きにわたって中国との間で冊封・朝貢形式による親密な関係を自己の存立基盤としてきた。琉球王国にとって、中国（清国）との関係を断ち切ることは自滅行為に他ならず、当然のことながら受け入れられるものではなく、抵抗する。日本政府としては段階的に単独支配を達成するしかなかった。

　まずは1872年10月に維新慶賀という名目で慶賀使を上京させ、琉球国を琉球藩とし、琉球国王尚泰を琉球藩王に「冊封」する形式をとり、しかも尚泰に他の旧藩主と同様、華族という地位を与えた（図1）。この時点で琉球藩を外務省の管轄とし、その外交権を取り上げたものの、清国への進貢貿易は、琉球の経済基盤に関わることなので、直ちに禁止させる措置はとらなかった。

　そのような折、1871年10月に那覇から宮古島への帰途、台湾に遭難漂

着した琉球人 54 名が原住民に殺害されるという事件が発生した。この情報を入手した明治政府は「征韓論」をめぐる国内の政治対立の不満のはけ口としてこの事件を利用し、台湾出兵を行った。台湾で殺害された琉球人を「日本国属民」と表現する「互換条款」を 1874 年 10 月 31 日に清国との間で交わすことで、琉球の日本専属化への動きを加速させ、平行して 1874 年 7 月に琉球藩の管轄を外務省から内務省に移管し、琉球問題を内政扱いする姿勢を明確化した。

　日本政府は琉球藩に対し、清国への進貢および皇帝即位における慶賀使派遣の禁止、福建省福州にある琉球館の廃止など、清国との交流を断ち切ることを命ずる。これらの命令を受け入れることは琉球の存亡に係わることであり、藩王尚泰は 1876 年 12 月に幸地朝常（向徳宏）、伊計親雲上（蔡大鼎）、名城里之子親雲上（林世功）を秘かに清国に派遣し、清国の救援を求めることにした。また上京して日本政府へ嘆願するとともに、在京清国公使やオランダ公使に訴えるなど、さまざまな抵抗を試みる。清国側も日本政府に厳しい抗議を行うが、日本政府は相手にしない。

　1875 年に琉球処分官に任命された松田道之は、藩王尚泰を上京させることで琉球の士民との結びつきを遮断しようとするが、あくまでも琉球王国体制を護持しようとする士族層からの猛烈な抵抗にあって実現できなかった。松田は 1879 年 3 月 25 日に内務官僚 41 名、警部巡査 160 名、熊本鎮台分遣隊 400 名を同伴して那覇に到着。首里城の明け渡し、藩王尚泰の上京、土地人民及び官簿其他諸般の引き渡しを命ずる「達」を渡して処分を強行した。武力を背景にしての「達」伝達に、藩王尚泰は首里城を明け渡すしかなかった。4 月 4 日に琉球藩を廃止して沖縄県とする廃藩置県が実施され、形のうえでは明治政府の中央集権国家体制に組み込まれることとなった。

旧慣温存政策

　国家の近代化を実現していく際、日本が直面した課題の一つは、「幕藩体制下における異国」として取り扱ってきた「琉球」を、どのような手順

で日本の新たな国家秩序のなかに組み入れていくか、ということであった。

後に植民地にした台湾の場合には、形式的には「下関条約」に基づく「割譲」ではあったが、軍隊を派遣し、長期にわたって人民の抵抗を武力鎮圧することなしには日本の台湾統治は実現できなかった。「日韓併合条約」に基づく「併合」という形をとった朝鮮においてもやはり、人民の抵抗を武力鎮圧するなかでしか「併合」は実現できなかった。

琉球についても熊本鎮台分遣隊の派遣という武力威圧を背景にした首里城の強制的明け渡し、沖縄県の設置であって、決して琉球側が自主的、主体的に受け入れた「処分」ではなかった。しかしながら社会の底辺を構成する農民層をも巻き込んだ琉球全体での、長期にわたる、大規模な抵抗は見られなかった。この点は異民族統治の実現であった台湾や朝鮮の場合とは異なっている。

明治15（1882）年11月に作成された参事院議官補　尾崎三良の「沖縄県視察復命書」は置県後3年を経過した当時の沖縄の士族、農民の情況を次のように報告している。（A03022994400の18）

「〇士民廃藩に付、幸不幸の区別
　置県以来、尤も不幸を得るものは士族にして、尤も幸福を得たる者は農民なり。其貢租高に於ては因より旧に減ずることなしといへども、政治上より種々の恩沢を被るものあり。第一、買揚糖の代価、騰貴せしこと。第二、夫役現使を廃す。第三、山雑物並に其の他の雑物を廃す。」

農民にとって廃藩置県は不十分ながらも、旧来の封建支配による厳しい貧困生活からの脱却を夢見ることができる変化であった。

これに対して尾崎は、士族の情況を次のように報告している。（A03022994400の28〜29）

「〇士族の不幸を蒙りし事
　琉球廃藩置県に由り、尤も不幸を被りしものは則、士族なり。是れ

制度の変革より連及するものにして、万已むを得ざるものありといへども、又憫諒〔あわれむ〕すべきものあり。其廃藩を悦ばずして、百方、之を障碍し、或は農民を教唆し、又は外国に訴え、支那に遁走し、猶回復の念慮を絶たずして、藩制に縋縋たる〔しがみつこうとする〕ものは職として〔主に〕之に由る。決して支那を慕ひ、本邦を嫌悪するにあらず。其所為、悪むべしといえども、其情、憫むべきなり。施政者、誠に宜く其情を斟酌し、務めて其不幸の感触をして寛裕ならしむべし。宜く勢に乗じ、其不幸を助成して、以て益々其感慨を激動せしむべからざるなり。其不幸とする所、第一、旧官俸に離る。第二、将来家禄を受用するの道絶ゆ。第三、心附役を失ふ。第四、家禄相対増高を褫かる〔崩される〕。第五、各間切寄留士族、却て農民の抑圧を受く。第六、蕃薯の価、騰貴す。」

「琉球処分」実施にあたって日本政府がもっとも気を配ったのは、琉球王国の統治体制を生活の根拠にしてきた旧士族層の抵抗であった。処分官の松田道之は1879年6月3日、那覇を去るにあたり、首里、那覇、久米、泊の士族代表を招集し「沖縄県下士族一般に告諭す」(第73号)を公布する。そのなかで

「子等〔士族層を指す〕猶ほ悟らずして旧態を改めざるときは、新県に於ては子等は到底用ゆるを得可らざるものとなし、百職皆な内地人を取り、遂に此土人は一人の職に就くを得る者なくして、自ら社会の侮慢を受け、殆んど一般と区別さるること、恰も亜米利加の土人、北海道のアイノ〔アイヌ〕等の如きの態を為すに至るべし。而して是、子等の自ら招く所なり。且此琉球の地たる土地狭くして人多く、其の事の何たるを問わず、多方従事せざれば生計を得る甚だ難し。然るに百職皆な内地人の専用となるときは、此土人は多少の職業を失ふに至るべし。而して是亦、子等の自ら招くところなり。嗚呼、実に慮らざるの甚だしきものと謂ふべし。」(松田道之『琉球処分』明治文化資料叢書第4巻　風間書房　1962年7月　269〜270頁)

徳川幕藩体制を打倒した中心的な原動力は下層士族層にあり、彼らは新たに誕生した明治政権の近代化政策の積極的推進者となった。しかし琉球王国の統治体制を覆す動きは琉球内部から発生したわけではない。中央集権国家体制構築の大波が琉球にまで押し寄せた結果である。琉球王国において支配階級を構成していた士族層は、琉球王国の廃絶により自己の存立基盤を突如失うことになった。しかし琉球における知識階層である士族層は、琉球の安定的統治実現に不可欠の存在であり、旧士族層の抵抗を終わらせるだけでなく、新政権への支持者、協力者に変えることが絶対に必要であった。明治政府に協力しないままでいると、本土からの内地人に取って代わられてしまうぞ、との脅しをかけ、新政権への服従、協力しか選択の余地はない、と思わせることが必要であった。松田道之の告諭からはそのような狙いが逆に読み取れる。

　1879年6月25日、沖縄県当局は「布達」を発し、旧慣温存の方針を明示した。

　　「諸法度之儀、更に改正の布告に及ばざる分は、総て従前の通、相心得可申、此旨布達候事」(「沖縄県布達甲第三号」、『沖縄県史』21旧慣調査資料、595頁、引用は『沖縄県史』各論編2　政治　1970年6月　金城正篤論文149頁より。ただし表記を改めた)

　　「初期沖縄県政の特徴を一言でもっていえば、それは『旧慣』温存というにつきる。『旧慣』とは旧来の農民統治・収取体系の総称であって、その最も基本的な三本の柱をなすものが、土地制度、租税制度、地方制度である。

　　明治政府は、中央集権的国家体制のもとに沖縄を包摂する過程で、藩王府の支配機構を奪取し、藩庁そのものを解体して新たな『県』統治体制を構築していったのであるが、藩庁がよってもって立脚していた『旧慣』諸制度を、ほとんどそのままひきつぎ、温存・利用したのである。

　　政府－県当局が『旧慣』温存策を沖縄県治の基本方針として定置し

た背景には、つぎのようないくつかの要因が指摘できる。第一には、沖縄旧支配階級（士族層）の動向である。『最も困難なるは、土民字を知る者少なく、言語通ぜざるを以て、政令を布き政治を施すに、皆な士族以上の者を用ひて、之が媒介をなさしめざるを得ず』（『琉球処分』202頁）とあるように、彼らの媒介・協力なしには『政治』が進められない情況であったばかりでなく、彼らの『脱清』（清国への脱走）行動や清国への救援依頼の策謀が、人心の動揺をかきたて、ひいては清国との外交問題を不利に紛糾させることを恐れていたからである。『旧慣』温存とは、彼らの『既得権』を保障することによって、県政協力へひきいれるための慰撫策にほかならなかった。」（上述、『沖縄県史』各論編2　政治　1970年6月　金城正篤　149頁）

琉球分島問題

　琉球藩の廃止、沖縄県設置を強行した明治政権は、今度は誕生したばかりのその沖縄県を分割する策に出た。
　琉球人の抵抗、清国側の抗議を無視した廃藩置県（琉球処分）の強行で、日本と清国との国家関係は硬直状態に陥っていた。折しもアメリカ前大統領のグラント（Ulyssess Simpson Grant）が世界旅行の途中、中国と日本を歴訪した。

「グラントが上海経由で天津に到着したのは同年〔1879年〕5月27日のことで、翌28日李鴻章と対談、31日天津を離れ、6月2日北京到着。翌3日総理衙門の恭親王奕訢らと会見した際、正式に琉球問題の調停を依頼され、6月12日再び天津に戻っている。琉球問題を主題とする李鴻章・グラント会談が行われたのは、天津へ戻った当日の6月12日のことであった。」（西里喜行『清末中琉日関係史の研究』京都大学学術出版会　2005年　324頁）

　その後、79年7月3日に横浜に入港したグラントは、日光での伊藤博文、

西郷従道との会談を経て、駐日アメリカ公使ビンハムと『熟商』の末、ビンハムが何如璋〔駐日公使〕に提示したのは、琉球の中部（沖縄本島）に王国を復活させ、南部（宮古・八重山）を清国へ、北部（奄美諸島）を日本へ割譲するという、いわゆる三分割案である。何如璋からすれば、この案は日本、琉球、清国いずれにとっても有益かつ最良の解決案ということになる。しかし北部（奄美諸島）は実際にはすでに江戸時代から薩摩藩の直轄になっていたので、日本側にとって三分割案は何ら益のない、検討するに値しないものであった。
　井上馨外務卿は間近に迫った清国との条約改訂問題（清国に日本の内地通商権を認めさせることなど）とのセットで琉球所属問題を解決させようとした。

> 「交渉は1880年8月、日本政府より南方の宮古・八重山を中国に割譲し、その代償として条約改正上の譲歩と、日清修好条規で許されていなかった中国内地通商の権益を中国に追加承認させるという『分島改約案』を提示することで始まった。分島改約交渉は、これまで琉球問題を内政問題として中国の干渉を許さなかった政府の統合の論理からすると、まさに『背理』そのものであった。しかし政府は、そうした政策矛盾を露呈しながらも国家利益を優先した。」（赤嶺守『琉球王国』　講談社　2004年4月　204頁）

　清国側は琉球問題の解決策として、宮古、八重山の南島部分を清国に、それ以外を日本が支配するという二分割案に抵抗したが、日本側があくまでも三分割案を認めないため、琉球問題で日本との関係をいつまでも悪化させておくのは得策ではない、との判断から、二分割案を受け入れることになった。ただし琉球南島部を清国の管轄下に置くといっても、そこを自己の版図に組み込む意志はなく、琉球国を存続させることが目標であった。しかし琉球王の直系を擁立させることは困難だったため、白羽の矢を立てたのが天津に亡命中の向徳宏（琉球王尚泰の姉婿）である。しかし向徳宏は「断断として遵行し能わざるを以てす」と泣いて訴えて拒否し、琉球国

陳情通事の林世功は自ら命を絶って琉球分割に反対した。
　当初、日本側の分島改約案を受け入れ、早期妥結すべしと主張していた李鴻章も琉球人の強い反対を受け、態度を豹変させたため、琉球「二分割案」は頓挫した。結局、日本が狙っていた日清修好条規「改正」も実現できず、琉球の帰属問題も未解決のままになった。
　金城正篤は『沖縄県史』各論編2　政治（1970年6月　琉球政府発行）で以下のように述べている。

　　「『琉球処分』ないし『所属』問題の延長もしくは一環としての『分島・増約』問題は、どのような意味をもつものであろうか。『分島・増約』は現実にはついに効力を発しないままに終わった。とはいえ、これまで見た通り、明治政府はその実現に熱心であったし、また、その案はあわや成立させられようとしていた。成立していたら、否応なく宮古・八重山両島は清国の管轄下に移されるはずであった。明治政府は『琉球処分』に着手以来、一貫して琉球が古来日本の一部であり、従ってその『処分』は日本の『内政』上の問題であるとして、清国政府の、また、琉球藩王府の反対と抗議に耳をかさず、強引に『廃藩置県』を断行し、版図へ統一した。国家の『体面』と『国益』の前には、いかなる反対も抗議も、無用であった。しかるに、同じ政府のもとで、『増約』の代償として宮古・八重山の同胞が他国へ売り出されようとしていたのである。」（134〜5頁）

　清国へ亡命していた「脱清人」のみならず、沖縄県でも士族、民衆の間で、明治政府の無定見、身勝手な扱いに怒りが満ちあふれていた。

揺れる沖縄県治の方向

　1879年4月4日の「廃藩置県」により沖縄県が設置され、旧佐賀藩の支藩・鹿島藩の藩主であった鍋島直彬（華族）が初代県令（兼判事）に任命された。他の藩主の例にならって琉球藩王の尚泰を華族に列したことも

あり、県令はその後継者であるので、同じく華族から選ぶ、という配慮があったものと思われる。

「鍋島県政の実績として、教育と勧業があげられる。教育ではごく簡単に言えば、沖縄の言葉（話し言葉）の日本語との違いを埋めるための教員養成とその教材及び小・中学校の創設である。教員養成のために県庁内に設置された会話伝習所を発展させ、沖縄師範学校が設立された。」（『沖縄県史』各論編　第五巻　近代　2012年2月　沖縄県教育委員会発行　114頁）

しかし鍋島自身がコレラに罹ってしまったことと、政府内での大隈重信（鍋島と同じ佐賀出身）と松方正義（鹿児島出身）との対立などの影響を受け、1881年5月18日に鍋島県令は解任されてしまった。

替わって旧米沢藩主の上杉茂憲が二代目県令に任命された。彼もやはり華族であったが、イギリス留学経験もあり、当時37歳の若さだった上杉県令は沖縄本島と久米島、宮古・八重山への視察を行った。

「各間切・村の負債が多く農民の貧苦と『読み書き』もできない児童らの教育の現状などを改善する方策として、些細ではあるが日用銭（使役に代わる課税、有禄士族の家禄の一部として県が徴税）の廃止など旧税制の一部改正などを進捗してきたが、1882年（明治15）3月、内務卿山田顕義、大蔵卿松方正義宛に『吏員改正の儀に付上申』し、自ら上京して要請に及んだ。この『吏員改正の儀』と旧慣による地方役場の吏員の数が多すぎて農民の負担が重いので、廃止して新たに戸長役場をおき役人の数を削減できれば、浮いた分を負債の消却や教育・勧業費にあてるとする内容であった。〔中略〕

これを受けた政府・内務省は、沖縄統治の安定を最優先とし、特に士族層や地方役人層の慰撫・懐柔策を柱とした旧慣温存路線の危機をもたらすと警戒し、内務省より上申却下（時期尚早）を内容とする『沖縄県地方役場吏員更正せざる件』の伺い通り、6月14日、正式に

上申却下が政府決定された。」(同上書　116〜7頁)

　政府はさらに同年12月9日に会計検査院長岩村通俊に上杉県令を指揮・監督し、独自の裁量・執行権を有する権限を与えて沖縄への派遣を命じる。

　「岩村通俊は1883年（明治16）1月14日に来県し4月17日にいったん那覇を発つまで全県下をくまなく視察した。〔中略〕帰途の4月21日、鹿児島から山県有朋・山田顕義両参議宛に『県庁旧慣と事実に暗し、全体施政の方向を誤まり……該県令は何分此際、転任然るべし。通俊に該県令兼任せしめば一面は指令し、一面は施行し、甚だ使〔便〕宜ゆえ、一、二月の中、県治の方向を改め事務も又整頓せん』との電報を打った。なんと翌日の4月22日、上杉県令の解任（元老院議官転出）と岩村通俊会計検査院長の沖縄県令兼任が発令された。まさにシナリオができあがっていたというべきであろう。」(同上書　117〜8頁)

　岩村は県令兼任となって以後、県令岩村が伺を会計検査院長岩村に提出し、会計検査院長岩村が指示を県令の岩村に下すという形式で、次々と上杉の行った改革施策を取り消していった。

　「まず教育政策については、四書五経、読み書き、筆算などを教えるのみというほとんど旧慣のかたちに戻した。そして士族政策については、1880年（明治13）に出された『金禄公債処分』（秩禄処分）を取消し、士族家禄家禄相対叶掛増高を家禄の中に編入することなどを政府に建議した。また尚家の私有財産に対しても『旧琉球藩王尚泰私有財産区分の儀伺』を出し、私有財産認定の範囲を大幅に広げるなどの優遇策を打ち出した。もとより岩村に特認の権限を与えて派遣した政府は岩村の権限を総て承諾した。」(同上書　126〜7頁)

　しかし沖縄県令になることを自ら志願した岩村通俊ではあったが、彼の

在任期間はわずか8ヶ月に過ぎなかった。

　太田朝敷著『沖縄県政五十年』（国民教育社　1932年）は岩村を「上杉県令の職を解いて自ら兼摂し、同時に旧慣旧制据置の方針を建て直したのである。この兼摂の如きは本県でなければ見られない特異の処置である」（295頁）と批判的に紹介しているが、会計検査院長と県令の兼摂が問題になったことがわずか8ヶ月という在任に関係しているのかについては記述がない。『沖縄県史』各論編2　政治　金城正篤も「上杉県令時代の部分的にしろ改革的施政は、ことごとく廃され、置県当初から政府の基本的方針であった『旧慣』温存策が、定着させられたのである」（181頁）と書くのみで、岩村県令以降は「旧慣温存」が定着化したかのような評価を下している。はたしてそうだろうか。

第2章　西村捨三と沖縄県

第四代県令　西村捨三

　第四代沖縄県令に任命された西村捨三（1843年～1908年）は彦根藩出身の士族である（図2）。太田朝敷『沖縄県政五十年』（295頁）は内務省土木局長との兼職で沖縄県令になったと書いているが、それは間違いで、沖縄県令の後に内務省土木局長に転任した。「末松謙澄氏等と共に内務省の四天王」（太田295頁）とか「西村は少年にして才気煥発、一を聞いて十を知るの質であった。幕府瓦解の後、藩主井伊直憲に随って欧米に遊び、帰朝後、知を大久保利通に受けて官界の人と為った」（杉村幹『警察物語』日本出版　1942年　168頁）と、太田、杉村はこぞって西村を能吏として紹介しているが、いずれも伝聞情報によるものである。これらの人物評価はすでに定着していたのであろう。

　西村捨三は1877年に内務権少書記官となって以来、内務官僚の道を歩んだが、「琉球処分に就ては、就官の初めより之に与り、種々困難の事情ありしも、処置機宜に適し、命を全ふするを得たり」と本人が後に『御祭草紙』で口述している通り、琉球処分官の松田道之とともに琉球藩、沖縄県の問題に長らく関わってきた人物である。西村には後藤敬臣との共著『南島紀事』（上・中・下）、単著として『南島紀事外編』（乾・坤）がある。いずれも1886年発行で、琉球、沖縄については実務経験だけでなく、学識も豊かであり、内務省における逸材であった（図3）。

　その彼が1883年12月21日に第四代沖縄県令に任命された。内外さまざまの要因から混乱が続いている沖縄県の統治を安定化させるため、内務省からの本格派投入と言えよう。

図2　西村捨三

西村は晩年に当時を次のように振り返っている。

「沖縄県は当時、新創の県にして、兎角事情疎隔せるを以て内務省より兼任する方可然とて、兼務を命ぜられしなり。
　全体、琉球は日清両属の国にて、廃藩為県の断行は彼〔琉球〕が首鼠両端〔迷っていて決心がつかないこと〕にして、外国公使に嘱して色々の苦情を申立、不落付のこと多かりしより、処分されたるなれど、一通の御達しに内地諸藩同様の取扱ひには心服すべくもあらず。
　概して守旧の精神多く、清国に脱走して哀願する者絶へず。新政不服にて、松田氏以来、鍋島、上杉等の両華族県令となり、綏撫せられたれど、旧弊を改むべきこと枚挙に遑あらず。学校、病院の新設等も

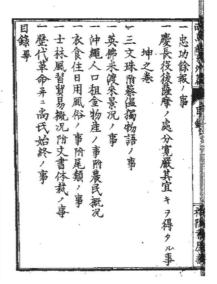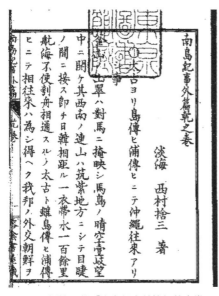

図3　西村捨三著『南島紀事外篇』乾之巻

ありて、琉球人の耳目に馴れぬ事多く、又、革新に急なる意向もありて、兎角苦情絶へず。
　検査院長、後、兼沖縄県令岩村通俊氏等、渡琉視察の上、一切旧政を変更せず、綏撫を重んずることとなり。学校も病院も旧規に復し、四書五経の素読に変したり。琉人は大ひに喜びたれど、更新の目途は立ず。」（西村捨三口述『御祭草紙』45～47頁　史料32　184頁）

　前任の岩村県令が「一切旧政を変更せず、綏撫を重んずる」政策を実施したために、新政に不満を持つ守旧勢力を増長させたことを批判している。西村の沖縄県県治の方針は決して前任者・岩村県令の旧慣温存の定着化（事なかれ主義）ではなく、その是正にあった。
　83年12月21日付けの沖縄県令任命ではあったが、84年2月1日に横浜から出発し、2月16日に那覇に到着した。この時、かねてから琉球への一時帰郷の要望を出していた旧藩王尚泰の長男・尚典を同道させていた。

> 宮古島舊史ハ沖繩縣下宮古島村吏某カ所藏ニ係ル今茲
> 五月南部屬島巡視ノ日村吏ニ索メテ得ル所ナリ附錄南
> 航日記ナルモノハ内務省御用係後藤敬臣氏カ藁スル所
> 今併セテ之ヲ印刷ニ付シ臺閣諸公ノ一覽ニ供ス盖シ舊
> 史ノ原文間々解シ難キモノアリトイヘモ皆其本ヲ存シ
> 敢テ刪訂ヲ加ヘス日記ノ如キ僅々日子間聞見ニ隨シテ
> 其實ヲ記スルニ過キサレハ未タ詳悉ヲ得ストイヘモ該
> 島往昔ノ來歷ト當今ノ景況ト亦以テ其一斑ヲ觀ルニ足
> ラン但八重山島ハ往時海嘯ノ爲メニ多ク舊物ヲ没シ
> 文獻ノ徵スヘキモノナシ故ニ茲ニ及ハスト云爾
> 　　明治十七年六月　　　　　　　　沖繩縣令西村捨三

図4　『宮古島旧史』西村捨三序文

尚典は3月3日に那覇で婚姻を挙げ、4月7日に東京に戻る（東恩納寛惇『尚泰侯実録』1924年12月　434頁）。

　西村捨三は尚典と一緒に東京に戻ることはせず、引き続き沖縄に留まった。同年5月16日から5月30日まで、彼は長崎控訴裁判所駐在の河野通倫検事、大蔵省租税局員宮田六等属、曽野八等属の沖縄県巡回視察の機会に、後藤敬臣（内務省御用係、西村と同時に沖縄県入りした）、堀二等属（会計主務官）、野田五等属（租税課員）、太田六等属（租税課員、沖縄県人）、赤川七等属（学務係）、西警部兼検事補（裁判掛）、有壁御用係（病院長）を従えて、久米島、宮古島、石垣島を視察している。西村と共著で『南島紀事』を執筆した後藤敬臣が「南航日記」と題してこの時の三島巡視記録を漢文で詳細に残している。その記録と宮古島巡視の際に村吏から入手した「宮古島旧史」とを併せて、西村捨三は同年6月に印刷

に付している。(国立国会図書館近代デジタルライブラリー　info:ndljp/pid/993872)

「該島往昔の来歴と当今の景況と亦以て其一班を観るに足らん乎」との西村の前書きからも、歴史と現実いずれをも重視する西村の行政官としての姿勢の一端を窺い知ることができる（図4）。

6月には上京しているので、久米、宮古、石垣の三島巡視を実施する前に、上杉県令と同様、沖縄本島も巡視したことであろう。

尚泰の長男である尚典が一時帰郷した際、「各村、各間切、各島に至るまで、各十人の総代を発して是を迎へ、上下、抃舞〔手を打って踊ること〕措く所を知らず。典君即ち書を発して、上下に諭し、人心鎮撫せり。沖縄県令西村捨三、此の事を以て政府に復す。廟議、為に安ずる所あり。乃ち侯〔尚泰を指す〕の展墓を聴せり」（『尚泰侯実録』435頁）とある通り、旧琉球国王の長男の言動によって、琉球人の民心鎮撫を達成させようとする西村県令の目論見は成果を挙げ、旧国王尚泰の一時帰郷も実現することになった。

政府は7月23日に、尚泰について往復日数を除いた100日間の休暇を認める決定を出し、尚泰も帰郷に当たり「旧藩士民を説諭し、惑乱せしめざる事を誓ふ」（『尚泰侯実録』434頁）。

8月8日に尚泰は横浜から高砂丸にて出発。神戸からは西村捨三も乗船し、広島県呉の御手洗港に立ち寄り、8月21日に鹿児島で大有丸に乗り換え、23日に那覇に到着した。

西村と尚泰はいずれも1843年生まれで、当時42歳。西村は尚泰を「聡明快闊の人にて、廃藩置県の節、直ちに上京の命に応ぜしも、此人、時を知るの明ありしなり。余程気も付、面白き人なりせしが、今や物故せられたり〔1901年8月19日没〕」（『御祭草紙』49頁）と偲んでいる。

　　「〔尚泰の〕着琉の節は出迎の人、雲集雀躍せり。在琉中は念を入れ、毎々の大宴会、引きも切らず。兼て当春、尚典氏と同道帰京の節、那覇より首里までの一里計りの敷石歩道を車道に変更し、那覇港口の物見城〔御物城〕と唱ふる勝地に、物産陳列所を建設せしめ置きたれば、

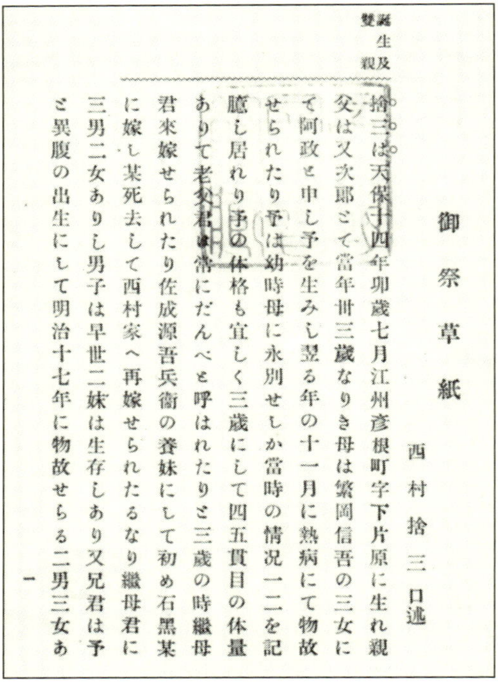

図5　西村捨三口述『御祭草紙』

尚泰氏に同地の臨場を促がし、首里より腕車にて出覇する仕掛をなし、博覧会場にて宴会を催し、琉球の組躍りを興行し、烟花打上げ、又予め氷塊を儲へ、琉球子弟の氷味を解せざるものに、喫驚せしむるなど、あらゆる驚喜を買ふべき仕掛をなし、那覇湾の周囲三里計りに泡盛の一石入り大瓶を36ヶ所に据付け、大篝を焼き、琉球人民の祝賀の為め、来覇するものは勝手に縦飲を免るし、山海如湧、徹夜の大宴会をなせり。」（国立国会図書館近代デジタルライブラリー　info:ndljp/pid/781852　『御祭草紙』　1908年　49～50頁）（図5）

これは10月1日に行った西村県令主催の尚泰歓迎宴の模様であるが、それ以外にも尚泰が主催した招待宴や、翌年1月24日に那覇を発つ前に沖縄の官民たちによる送別会も盛大に行われている。送別会の際は首里城

畔にある龍潭の池の水を抜き、冊封使への御馳走用に飼育してきた鯉、鮒、鯛、鯰、鰻などの大小の魚を捕獲して人々に振る舞い、「是は琉球在来の旧物、諸君と共に賞翫すべし。最早冊封使の来るときにあらず」と大笑いした、と西村は『御祭草紙』において誇らしげに回想している。なお尚泰の沖縄滞在期間は当初100日であったが、本人の要望を受け入れ、さらに50日延長となり、85年1月24日に那覇を離れることになった。
　西村捨三が尚泰をこのように盛大に歓待するのには明確な目的があった。1884年12月段階で沖縄県が調べた「脱清人明細表　第4号」（A07090101200の29〜64）には「脱清人124人、脱清未遂者17人、帰国者323人、在清人員として45人の名前が出ている。脱清人124人には置県以前に渡清した国頭盛乗らの進貢使節の残留組8人、幸地朝常らの一行の残留19人も含まれているので、124人から27人を引いた97人が県が察知した置県後に渡清した人物となる。」（後田多敦著『琉球救国運動　抗日の思想と行動』出版社Mugen　2010年10月　166頁）
　これら琉球国の復旧を掲げる「脱清人」の動向は沖縄県の人心を不安定化する要因になっており、琉球・沖縄をめぐる清国との外交交渉においても不利であるため、明治政府として放任しておくわけにはいかない。尚泰の沖縄滞在延長を許可するひきかえに、尚泰に「沖縄県下士民中」にたいして新政府への遵奉帰順を呼びかけさせた。

　　「本県人民共、人気穏にして、各当務之職業相励、少も県制之妨害不相成様にとの儀は、当八月諭達致し置通候処、近頃清国へ脱走の企にて、警察署の取扱を受候者も有之由承、案外之至候。右等心得違の者有之候ては、拙者にも迷惑を懸可申と憂慮之至り候条、兼て諭達の通り、少も心得違無之様、厚く注意有之度、此旨更相達候也
　　　11月1日　　　　　　尚泰
　　　沖縄県下士民中　（A07090101200の83）（図6）

　尚泰は「一部党人の清国へ脱走したる件に就いて、慨嘆罷まず、為めに12月20日に書を西村県令に遣りて、自ら謝し給へり」（『尚泰侯実録』

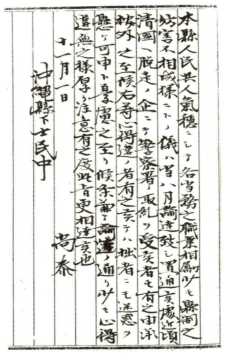

図6　尚泰の沖縄県下士民あて諭達

436頁)。

　西村は84年12月20日に「脱清人処分の儀に付伺」(A07090101200の19〜22)を外務卿井上馨、内務卿山県有朋、司法卿山田顕義宛に提出している。

　日本政府の理不尽な対応に憤りの感情を抱く琉球人は「脱清人」のみならず、沖縄県にも多く存在していた。その人々の怒りを鎮めるため、まず長子尚典の一時帰郷で試し、効果ありと見るや、旧国王尚泰の帰郷を実現させたのである。

　旧琉球国王自らの行動によって沖縄の旧士族・民衆に明治政権の実像を伝えさせ、それへの遵奉を説諭させることは清国依存の「脱清人」の影響を削減する最良の方法と考えたからである。「県官の万語よりは尚家の一

言」が勝り、確かにそれは効果を発揮した。

　しかし清国との間を秘かに往来し、清国が琉球国の復活を支援しているとの情報を流して人心を動揺させている「脱清人」の行動を取り締まらなければ、県施政の安定化は望めない。

　県はこれまで脱清・帰琉者を発見した場合は拘留し、取り調べることをしてはいたが、制裁力は伴わなかった。岩村県令になり、清国からの帰琉者があった場合、取り調べはしても拘留する必要はない、と実質的な放任主義に転換してしまった。そのため84年11月30日には30余名もの帰琉者が出た。彼らは政府が寛大な対応を示すようになったのは、清国政府を畏れ憚っているためだと宣伝し、民心を動揺させる事態を招来していた。

　しかし彼らを取り締まる適当な法律が存在していない。琉球人が置県の大令を遵奉せず、自国の政府を誣告することを清国側に知られ、琉球問題交渉の際の弱みを握られると、その禍害は大変なものとなる。さりとてこのために刑法を改正するわけにもいかない。

　そこで西村県令が提案したのは琉球王国の旧藩科律である「他領渡海之刑法」を参用することであり、その範囲内で対応処分することの必要性を訴えた。

　85年1月24日、西村県令は尚泰と共に大有丸で那覇を離れ、東京に向かう。その途中、讃岐の金比羅山崇徳院、近江八景の石山寺、伊勢神宮等を参拝し、2月16日に知事留任のまま東京に戻った。彼らの帰途の模様は『御祭草紙』にかなり詳細に記載されている。

西村捨三の沖縄県県治の方向

　東京に戻って間もない2月25日に、西村捨三は一年近くに及ぶ沖縄滞在の経験を踏まえ「沖縄県県治方向の件」という長文の上申書を太政大臣三条実美宛に提出する。当時の西村捨三の沖縄統治方針を知る上で非常に重要な文書であるが、管見によればこれまできちんと紹介されたことがない。付録資料としてそれを全文掲載するが、本節においてその概要を紹介

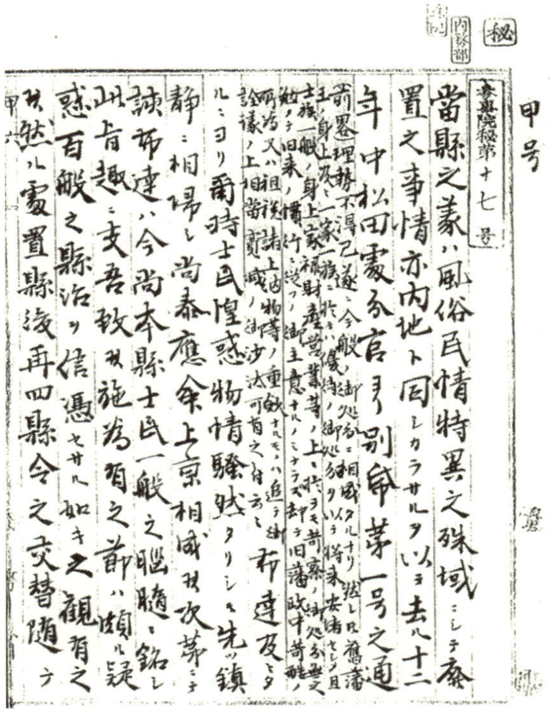

図7　西村捨三「沖縄県県治方向の件」

する。読みやすくするため、原文の意味を損なわない範囲内で、現代語表現で紹介する。原文はA03022939700の3〜11から入手可能であり、本書付録史料26　169頁とともに必要に応じてそれらを参照していただきたい（図7）。

「沖縄県は風俗、民情、特異の殊域であり、廃藩置県の事情も内地とは同じではないため、明治12〔1879〕年、松田処分官より別紙一号の通り（理勢やむを得ず、処分となった次第である。しかしながら旧藩王の身上及び一家一族については優待処分をし、その将来を安堵させ、また士族一般の身上、家禄、財産、営業等についても苛察の処分はなく、勉めて旧来の慣行に従うとの主旨であった。それだけでなく、旧藩政において苛酷の所為

または租税諸上納物等の厳しい取立などは、追って御詮議の上、相当寛減するとの処置がなされるであろう）との布達がなされたため、当初は士民惶惑〔おそれまどう〕し、物情騒然となりはしたが、鎮静に向かっていった。尚泰が命令に応じて上京することになったため、布達は今なお本県の士民一般に銘記されており、その主旨に違える施政がある場合にはすこぶる疑惑が巻き起こり、県政についての信頼を失わせるかのような様相を示すことがある。

　沖縄県が設置されてから県令が4人も交替しただけでなく、書記官、属官も明治16〔1883〕年までの間に368人もの異動が発生している。

　県政の方向も一緩一急、方向が定まっているとは言えない。たとえば、那覇の各村において養豚、蓄犬の禁止、これまで新規埋立を禁じていた那覇港の埋立を許可し、庶民の信仰の対象になっている天妃宮〔航海の安全を祈る媽祖廟、久米村にあった〕を廃して参拝できなくするとか、尚氏の私有に属する土地家屋を勝手に任用する、あるいは取り壊すことなど、民情にそぐわないことが発生している。

　また士族の禄制取調の違差や士民の財産に関する事柄でも、旧藩からの引継事務が整理されない、あるいは不穏当な事も発生し、愁訴・嘆願をするにいたり、あれこれ苦情百出、底無しの状況に立ち至っている。

　その際に廃藩置県の大令にあくまでも不服な按司〔あじ〕、親方〔うぇーかた〕などをはじめとする百十数名が相次いで清国に脱出し、清国政府に嘆願活動を行った。日本が暴力でもってわが琉球を横取りし、国王父子を東京に拉致し、万民、塗炭の苦しみを味わっているので、一刻も早く救援していただきたい、というものである。

　しかしながらこれらの者たちが頻繁に沖縄と清国との間を往来しているにも関わらず、ただちょっとした取り調べや説得をするだけで、このような動きにたいし何ら制裁力がないため、彼らはさまざまな虚構を並べ立て、北京での評議はこうである、李鴻章の考えはこうである、福建では日本にたいする問罪の軍を派遣する用意ができており、間もなく日本征伐の動きがあるだろう、などとさまざまに人心を惑わ

している。

　もともと相手は天上の国と尊敬欽慕する支那国であり、沖縄県設置の大令に陽服陰背〔うわべでは従い、陰で背く〕し、その他新政に不服を抱いている士民もいるため、きわめて不穏な状況に立ち至った。15年〔1882〕の秋・冬から16年春・夏の交〔上杉県令の在任期間〕までは民心がまったく背離すると言っても過言ではないほどになった。

　この時、会計検査院長の岩村通俊が政府の特命を帯びて本県に出張し、各地を巡回して民情を視察し、委任された条件に基づき旧慣を斟酌し、県治施行上、軽い案件は修正あるいは取り消す処分とし、重要案件については上京して決裁を仰ぐことにした。これは時宜に適した措置であったと思われる。

　その後、県令の兼任についての伺があり、本官が兼任することとなり、昨春赴任となった。

　旧藩の不動産を区別して下渡し、有禄士族の禄制〔金禄据置の措置は士族を大いに安堵させた〕、無禄士族の心付けに相当する下賜金、社寺の修繕役俸、其他買上糖の増金〔買上糖は旧藩時代、藩の財政困難の際に、買上という名目で実質的な重税を課した〕など、士民いずれも最も関心のある財産のことであるため、引き直すべきは引き直し、与えるべきものは与え、恕すべきものは恕され、ここにおいて積年の愁苦が一掃せられたかのようであったが、もともと陽服陰背の士民たちなので、脱清者または黒党と称する激烈なる復旧党の輩は、わが政府の寛仁の処分はすべて支那を畏れ憚り、人心を収攬しようとする策略から出たものと見做し、昨年〔1884〕1、2月の頃には流言飛語が底無しの状態となったが、ちょうど幸いなことに、東京に生け捕りにされたかのごとく伝えられていた尚典〔尚泰の長男〕が那覇に帰郷し、婚儀も執り行い、人々にたいし、県治についてはあくまでも遵奉するように、との旧藩王の命を帯びて説諭したことにより、徐々に民心も落ち着いていった。

　今回、旧藩王が帰省し、再三にわたって説諭したことにより、まずもって表向きの方向はそれなりに安堵するようになったが、何分にもこれまで県官が頻繁に交替し、一緩一急の状態が続いてきたので、こ

れからもどのようになっていくのか、という疑惑をもっており、本当に安堵と言える状態には至っていない次第である。なにとぞこの際、深く廟議を尽くされ、前途の施政の方向は簡単に変更するようなことがないようにしていただきたい。

　そうでなければせっかく今日まで、特殊の恩典、寛仁の処分をしてきたことが水泡に帰してしまうであろうとの憂慮に堪えない。

　については本官、不肖謭劣の至りではあるが、昨春二度に渡り赴任し、実況を熟察した結果に基づき、鄙見を陳べさせていただく。

第一　県治の構成は現今のままにて当分据え置くこと

　これは地方官にて司法事務を兼任〔県令と判事の兼務〕、ならびに旧藩の民法刑法を参用すること、あるいは諸税の額や種類ならびに徴収方法、あるいは地方、区域の名称、吏員組織等、いずれも旧藩法に準拠する如き、あるいは地方費、官費支出の如き、官吏月手当の如き、特に徴兵令未施行〔沖縄県で徴兵令が施行されたのは1898年1月〕の如きを主とし、現行法律規則の未施行のもの、旧慣旧法を現に参用するものなど、枚挙に暇あらず。それらのうちで著しい弊害が生じないものは、ひとまず現行のままに据え置きたい。

　もっともすでにその筋の指令、訓示もあり、法律規則を施行しがたいと認められる場合には、その事由を具して指揮を請い、また旧慣を改正しようとする場合も伺出の上、取り計らう積もりであり、新令、旧慣いずれも県令にその用捨、自由に任せられることとはしないことにし〔これは岩村県令の「独走」からの教訓〕、現今のまま据え置き、新旧共に改良取捨すべきものは、その時々に伺出ればよろしく、いささかも差し支えないであろう。

　この件について、ぜひとも顧慮していただきたいことは絶海の殊邦、新旧錯雑の施政に対し、各省の官吏、わずか十数日の巡回で、皮相の見をもって、単に一部局より観察を下すことであり、例えば裁判所を分離すべき、税額を如何とすべき、徴収法を修正すべき、徴兵を施行すべし等、いろいろと考案報道あることとは思うが、小邦専治の余勢、

一部局の改正がややもすれば全局に連関し、一隅の法網を密にするのであれば他の三隅もまた併せて密にならざるを得ない場合に立ち至り、終に竟に方底円蓋、労而無功、あるいは民情騒然、折角特別の御仕向も水泡に帰すと申すべきことであり、痛心の至りです。

　なにとぞ今後、このような事情に深く御配慮いただき、著しい弊害のないものは現行のまま据え置くようにしていただきたい。

第二　脱清人取り締まりのこと

　この件についてはすでに〔昨年12月20日〕伺を出しているが、該件は本県の県治が順調に行われるか否かの根底をなすものである。現在のような放任主義のまま、すなわち清国へ出向いて復旧を嘆願するのは琉球国臣子としての当然の忠節であり、この精神は死ぬまで止めない、と警官に対し供述する者とか、叛徒に等しき者まで自由放任している状況であり、彼らは必ず次のように言う。

　日本政府は支那を畏憚しているため、清国に救援嘆願をするのを自由にしているのであり、ほどなく復旧することは疑いない。当面は出されている日本の政令に表向きだけ頭を下げておけばよい、と人々を惑わすことは勢いそうなるであろう。このような正しくない連中を何ら取り締まらず、罰することもしないままにしておいたら、政府の威令は成り立たなくなるし、さまざまな施設も役に立たず、無政府であるかのように見られてしまう。また以前の惑わす主張に迷い込んでしまうのは本県の30、40歳以上の者にとっては逃れられない情勢で、仮にいかほどかの特典を与えても、一時的な政略で全体を撲滅させることは成りかね、慢性中毒とも申すべき状態なので、前回の伺出の通り、旧藩時代の他国への無手形渡海の科律を参用することで取り締まるようにさせていただきたい。

第三　教育を引き立てること

　13年〔1880〕来、各間切に小学校を設置し、最近にいたっては民情に大いに合致し、父兄は依然として琉球人でありながら、子弟は俄然

日本人であるかの如くで、東京に修学した生徒たちは東京でも抜群の評判である。これからは教育を十分に行き届かせ、成績優秀者は次々と内地研修をさせるようにしていけば、5、6年の歳月がたてば、青壮の者たちは旧日の冥夢から醒め、さまざまな施政も知らず知らずのうちに改良されていくことであろう。何分、現在の風俗、政法等、八、九割は旧慣据置のもとでの人民なので、その精神世界における学問は、漢学の糟粕に酔いしれたままであり、精神、肉体、内外、表裏、依然として琉球人たるを逃れられない。そのため支那を大上極楽と見做す気風は容易に絶えることはなく、近くは本県施政における障碍になるし、遠くは外交上の懸念が滅することも期待できない。

　風俗の変換は容易には実現できないことであるが、幸い、学事は民情に適しているため、この一角より入り込み、いずれの日か、青壮者が大きく変わり、全面的な改良を実現することを念頭に入れておく以外に前途の見込みはないように思えます。教育拡張の一点は本県開明の元資につき、なにとぞ十分引き立てくださるようお願いしたい。〔なお西村は『御祭草紙』においても「折角小学校に普通教育を施せしを、四書五経の素読に変ずる如きは、前途改進の見込なきこと故、学制なれば却て、鍋島、上杉時代の制に依る方、当然と為し、新旧混交の法に依りし」と前任岩村県令の教育面における放任主義をきつく批判している。〕

第四　無禄士族・貧困者授産のこと

　本県士族の件は毎回上申しておる通り、有禄士族はわずか三百名前後で、その他に無禄士族（内地の世襲卒にして現在、士族に編入された以下に相当する）にして、旧藩において諸雑役に供された心付、授産金等の下賜がなされていない部類の人々で、目下凍餓にせまられている者が若干名おる。これらの人々について、今後何らかの御世話がなくては、地域も狭少で他に運用の道のない本県では如何ともし難い。

　もともと今日まで何も〔支援の〕申立をすることがなかったのは、遠からず支那からの救いがある、復旧すべきとして無下に嘆願し、日本政府の世話は受けるべきではない、と頑迷の説を唱えて来たとのこ

とによるとのことだが、民心を安定させるうえでは別紙第三号探偵書にある通り〔これまでは清国の支援を当てにして、県の支援を受けることを拒否していた無禄士族が貧乏に堪えかね支援を受けるようになったこと。第三号は 12 葉にある〕、これから何かと〔援助の〕申立があると思われるので、それに対応する〔財政的〕御世話をお願いしたい。

　この第三、第四の件についてはよくよく御評議くださるようお願い申し上げる。

　何分にも東京よりは一千二百海里も離れており、未だ電信も開通していず、無保険の小形汽船二、三艘にて、朝に神戸を発して夕べに御手洗（みたらい）〔広島県呉市の大崎下島にある〕に下碇、或は鹿児島に、山川に、屋久、大島、運天等の港に風浪を避けつつ、通常は 20 日か 15 日をかけて琉球に到着し、長い場合には 1 カ月にも及ぶ遠裔遐陬〔遠く離れた片隅の子孫と土地〕。ましてや特異の国柄に付、余儀なき状態を御洞察していただき、今後の施政の方向をきちっと確定したら容易に変更することなきようお願いいたしたい。なお節目上、実施することの緩急、経費之見積り等、詳細な意見を申立たけれども、大体は以上の通り、よろしく御指揮をお願いいたしたく、まずは上申し、決裁を仰ぎたく存じます。

　　　明治 18〔1885〕年 2 月 25 日　　　沖縄県令　西村捨三
　　　太政大臣公爵　三条実美殿

　この上申に対して、同年 5 月 2 日に「上申の趣、聞置候条。施設の方法、経費の予算等取調、更に可伺出事」との記載がある。署名はないが、太政大臣三条実美と思われる。

　なお西村捨三はここで紹介した「沖縄県県治方向の件」と同時に「尚家御取扱振に付意見」（A03022939800 の 1 〜 3）も三条実美太政大臣宛に提出しており（史料 28　179 頁）、その内容にも非常に注目すべきことがある。旧藩王尚泰は「時勢に通暁、琉人第一の開明家」であるとし、とりわけ

昨春来、尚典、そして尚泰の対応を「豹変」と称し、脱清人取り締まりを明確化する方針を立てるにあたって尚家父子が琉球の士民に積極的に説得に当たったことを紹介し、「県官の万語よりは尚家の一言」という表現で、彼らが県治安定のために貢献したことを評価している。

そのうえで尚泰の四男尚順(しょうじゅん)について、「尚家の子弟中、第一の俊才」であるので、彼を上京させ、学業に従事させ、旧王家に一人開明の俊才が存在することが一般人にも知れ渡れば、県内の一般人の子弟教育に与える影響も大きく、「大に得策」であり、尚家が全く豹変するとなると、沖縄全体の民心の一変もあり得るので、よろしく御詮議していただきたい、と訴えている。

なお西村は尚順について、5月20日にも「旧藩王尚泰四男尚順金禄編入之儀上申」(A03022909400の3〜4) を内務卿、大蔵卿に提出し、琉球国の旧例では「王子十歳に至れば分家して知行三百石、外に一ト間切を与え」て来た制度が存在してきたので、二男・宜野湾朝広についてそれが適用されたのと同様、四男尚順にも士族として金禄に編入するよう上申している。それが実現すれば「全国の民心に不少影響を来すは必然の儀」と、琉球の民心への影響を考慮しての提言であるとしている。

「はたして西村捨三の『見立て』は正しかった。尚順は東京で勉学ののち、沖縄に戻り、1893年に太田朝敷らと『琉球新報』を成立し、1899年には沖縄銀行を設立するなど、沖縄の近代化のために重要な貢献をなした」(村田　150頁)。

これまで見た通り、西村捨三の1885年段階での沖縄県県治の方針は、1) 県治の構成は現今のまま当分据え置く（ただし単純な「旧慣温存」ではなく「新旧混交」のやり方を採用する）、2) 脱清人取り締まり（放任主義をやめ、琉球国時代の他国無手形渡海之科律を参用しての取り締まり強化）、3) 教育の振興による「日本人」の育成、4) 無禄士族・貧困者の救済・授産、5) 旧尚家への優遇政策実施を通じた新政にたいする民心の転換の促進、が挙げられよう。

もう一つ彼が重視したのは交通手段の整備であり、とりわけ那覇と本土

との直航航路の開設、沖縄本島と先島（宮古、八重山）間の定期航路の開設であった。

『御祭草紙』には「これより外交上、英露の衝突とか何とか、又、日本朝鮮事件とか何とか蚊とか云ふことで、琉球沿海も一層の取締り必要となり、4月頃、渡琉し、汽船出雲丸を常備として警戒したり」とある。

ベトナムの支配をめぐってフランスと清国の戦争が発生し、84年の夏から秋にかけ、フランス軍は台湾北部の基隆を砲撃し、また福建省福州をも攻撃した。福州には琉球館があり、当時は「脱清人」の一つの活動拠点になっていた。また84年12月には日本軍が朝鮮王宮を占領しようとして清国軍と衝突する事件（甲申事変）が発生、85年4月に天津条約調印となり、日清両国の軍隊が朝鮮から撤退することになった。ロシアのアジアでの勢力拡大に対抗してイギリスは85年4月に朝鮮の巨文島を占領した。東アジアは日本を含む列強の勢力争いの場になりつつあった。

このような緊迫する情勢を受けて、沖縄周辺を航行する外国船舶の取り締まりの強化が求められ、85年5月28日、西村県令は井上馨外務卿、山県有朋内務卿宛に「外国船取扱方の義に付伺」（B11092871900　史料1 144頁）を出して不開港場（当時、開港場は横浜、大阪、兵庫、長崎、新潟、函館の6港）である那覇において、もし外国船舶が何らかの理由で避難して来た場合にどのように対処すべきかについて具体的な指揮を仰いでいる。

徳川政権は鎖国・海禁政策を採って日本人の海外進出を禁じてきたが、明治政権になり門戸開放策に転じたことで、日本国の領域確定が重要な課題となった。日清「両属」という曖昧な存在を認めず、沖縄県として日本の版図に専属させる措置をとったのもその一環であるが、同時にまだ所属が確定していない無人島、またはたして実際に存在するのかどうか疑われる島嶼の確定作業が発生するようになる。外国船舶の取り締まりと同様、無人島を調査し、必要に応じて管下に置く措置を採ることが沖縄県にとっても重要な任務になった。

第3章　国標建設中止の経緯

沖縄県近海無人島の取り調べ

前述の西村捨三口述『御祭草紙』は次のように続く。

「其節、琉球の東方200浬(カイリ)計りなる無人島・大東島と唱ふるを沖縄県に組み入れたり。その後、冒険家一、二度往来せし由なれど、必竟〔畢竟〕無用なりき。
　19年〔1886年〕の春、最早一通りの仕事も終りたれば、内務大臣の巡回を乞ひ、山県公来琉のこととなり。2月中、薩摩丸にて来遊せられたり。」

彼は1885年に大東島（南大東島と北大東島）を沖縄県管下に置いたことを誇りをもって語っている。まずはその経緯を点検してみよう。
　今日、われわれは「アジア歴史資料センター」（http://www.jacar.go.jp/）によって明治期の多くの公文書を見ることができる。しかし大東島の領有過程を記録した文書は非常に限られている。
　われわれが確認できる文書として最初のものは1885年7月15日の沖縄県大書記官・森長義の「大東島巡視取調要項の義に付伺」であり、それは江崎龍雄『大東島誌』（1929年9月出版）を出典とする百瀬孝『史料検証　日本の領土』（河出書房新社　2010年　57～58頁）の「大東島の沖縄県編入」においてであって、百瀬孝はオリジナル文書あるいはその画像ファイルに当たっているわけではない。筆者もそれなりに調べてみたが、結果は同じであった。

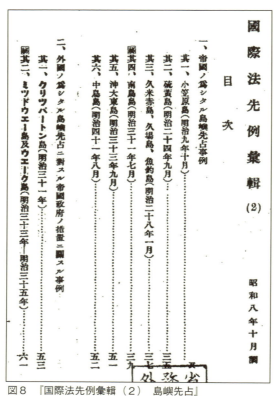

図8 『国際法先例彙輯（2） 島嶼先占』

　外務省条約局は1933年8月に『国際法先例彙輯（2） 島嶼先占』（B10070281100）という機密文書を編纂している。その第一部には「帝国の為したる島嶼先占事例」として、
一　小笠原島（明治9年10月）
二　硫黄島（明治24年9月）
三　久米赤島、久場島、魚釣島（明治28年1月）
四　南鳥島（明治31年7月）〔「秘」の囲みがある〕
五　沖大東島（明治33年9月）
六　中鳥島（明治41年8月）
の事例を紹介しているが、南大東島・北大東島（明治17年9月）の事例

は含まれていない（図8）。

なお「中鳥島（中ノ鳥島とも表記される場合もある）」については、今日では島の存在そのものが否定されている。

アジア歴史資料センターが公開している1885年の大東島領有関係の文書は、いずれも当時の海軍省が保存し、現在は防衛省防衛研究所に保管されているものである。なぜ内務省（国立公文書館が引き継ぐ）、外務省外交史料館には保存されていないのか、あるいは保存されているがまだ公開作業が進んでいないからであろうか。後者であることを期待したいが、『国際法先例彙輯（2） 島嶼先占』に大東島が取り上げられていないのは、同事例集を編集する時点で、大東島領有関係の文書はすでに外務省には存在しなくなっていたからと思われる。それは江崎龍雄が『大東島誌』を執筆するに当たり借用し、その後返却していないからではなかろうか。

つまらぬ詮索をしていると思われるかも知れないが、いつ、どのような命令が発せられて大東島への巡視取調が実施されたのかを明確にするうえで重要なことである。しかもこれは「沖縄県と清国福州との間に散在する無人島の取調」の内命がいつ発令されたのかを考えることにも関係してくると思われる。

そう思って森長義沖縄県大書記官の「大東島巡視取調要項の義に付伺」（史料2 146頁）を読み直してみると、冒頭に「沖縄県近海無人島取調可き御内命を蒙り候」と書かれていることに気づいた。

内務省からの内命は「沖縄県近海無人島取調」であって、「大東島巡視取調」はその内命の一部分である。この点を『日中領土問題の起源』を執筆した時点では気づいていなかった。

「沖縄県近海無人島」への取り調べが本来の内命だとすると、沖縄県と清国福州との間に散在する無人島の取り調べも、この時点で命令されていたことになる。『御祭草紙』において「琉球沿海も一層の取締り必要となり」（史料32 184頁）と西村が述べていることとの関連性が明確に浮かび上がってくる。

沖縄周辺海域での外国船舶の航行取り締まりの強化も命じられていたのだから、周辺領域確定を意味する無人島の取り調べも同時に命じられた、

と考えるほうが自然ではなかろうか。しかもそれらを実施するために汽船出雲丸を沖縄県の備船とすることが認められたのであろう。そうすると「沖縄県近海無人島取調」の内命は4月の段階で発せられ、しかも西村県令はその任務を東京で授けられ、その執行を主たる目的として三度目の沖縄県入りをしたものと思われる。

このように推理すると大東島の調査、ついで沖縄県と清国福州との間に散在する無人島（今日「尖閣諸島」と称している島嶼）への調査をする経緯について、これまで不可解に思ってきたいくつかのことがすんなりと理解できるようになった。

大東島の沖縄県への編入

「沖縄県近海無人島巡視取調」の内命を受けた西村県令が、まず実行したのは沖縄本島から東方およそ340kmに位置する大東島（南大東島　面積約30km²、北大東島　約13km²）への巡視取調であった。

沖縄県大書記官・森長義は7月15日に内務省に「大東島巡視取調要項の義に付伺」（史料2　146頁）を提出している。そこでは「海軍省の都合を以て、明治19〔1886〕年1月中、航海可致に付き」と書かれているので、7月15日以前にすでに海軍省担当者との事前折衝がなされていたことが判る。7月17日には森長義は川村純義海軍卿宛てに、明年1月中に同島の実地測量調査を実施したいので、軍艦への乗り組みと利用許可の申し出を行う。8月4日に海軍省は、明年1、2月に鹿児島県大島への軍艦派遣による実測調査をする折に、大東島への調査実施を許可するので、40日以前に通知するよう回答を出している（C11019493400　史料4　147頁）。

一方、西村県令は上京中の森長義大書記官を通じて7月20日に「沖縄県下へ船舶回漕之儀、当分の内、従前の通、可取計」うよう、つまり沖縄県の備船使用の継続を認めてくれるよう、山県内務卿に上申している（A03022909600）。その際に西村県令は、大東島巡視取調の実施を県の備船である出雲丸を活用して実施する伺いを出したものと推定される。

その伺いを受け入れ、内務省は8月1日に「書面具状の趣、其県雇入汽船を以て巡視可致。其他左の通り可心得事」との回答を出す。（史料3 147頁）

内務省はその回答の中で「第一条 当度巡視の際は其議に及ばず」と大東島の緯度、経度の調査を免除しているのは、民間船・出雲丸を利用した調査であるための措置である。「沖縄県管下と定め、名称は従来称呼に拠り大東島と唱え、国標を建設すること」という第四条について「申出の通り」として承認するとともに「尤も開拓漁業等なし得べき場所、可成詳細取調ぶべし」と追加した大東島調査実施命令が出された。（前掲百瀬　58頁、村田　152～3頁）

8月1日付けの「大東島調査実施命令」は二週間ほどで沖縄の西村県令の手元に届いた。森大書記官は引き続き東京に留まっているので、誰か他の職員が那覇まで運んだことになる。8月21日、西村県令は石沢兵吾ほか5名の県職員に、大東島出張実施視察の命令を出す。当初は8月23日に出雲丸は那覇を出航する予定であったが、悪天候の影響で出航は28日に延びた。8月29日には南大東島、31日には北大東島にそれぞれ上陸し、実地調査を行い、内命にしたがって「沖縄県管下と定め、名称は従来称呼に拠り大東島と唱え、国標を建設」した。石沢兵吾他5名は「沖縄県管轄南大東島」への「奉命実地踏査者」として氏名を明記した標杭を、林鶴松船長は「奉大日本帝国沖縄県之命東京共同運輸会社出雲丸創開汽船航路」という標杭を建て、出雲丸は9月1日に那覇に帰港した（図9）。

石沢兵吾は翌9月2日、西村捨三に「大東島実地踏査の景況概略取調並携帯品目録写真説明相添」えた復命書を提出する。林鶴松船長も「大東島回航」と題する報告書を提出する。

それを受けて西村捨三は9月3日、石沢兵吾の「復命書」と林鶴松船長の「報告書」を添えた「大東島巡視済の儀に付上申」（C11019564600 史料6　149頁）を山県有朋内務卿に提出する。そのなかで彼は「伺定条目中、第四条に基き、我沖縄県の管轄に組込、国標を建設致候。もっとも詳細の取調は来る明治19年1月、軍艦御派出之節、尚(なお)主任を遣し実際の景況並に意見可及開申候条、とりあえず本件御閣置相成りたく、此段上申

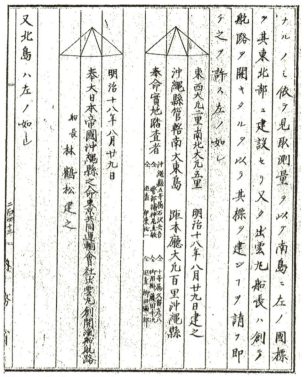

図9　石沢兵吾の大東島調査報告書（1885年9月2日）

候也」と書いてはいる。すでに国標を建てたのだから、軍艦を再度派遣するまでもなかろう、と内心思っていたかも知れない。1885年8月1日の調査実施命令から9月3日の「大東島巡視済」の上申を出すまで、実に手際よく処理したことを密かに誇っていることが伺える文面である。この点は前に紹介した『御祭草紙』での口述にも表れている。

　奉命実施踏査者として沖縄県五等属　石沢兵吾ほか5名が8月29日に南大東島に建てた「国標」には「沖縄県管轄南大東島　距本庁大凡百里沖縄県」、8月31日に北大東島に建てた「国標」には「沖縄県管轄北大東島距本庁大凡百三里沖縄県」と記されている通り、「国標」というより「県標」であった。ただし「県標」の建立は沖縄県令の一存で実施されたわけ

ではない。あくまでも内務省からの内命にしたがったものである。
　西村県令が出雲丸の活用を提案したことには別の狙いが込められていた。前述した通り、西村県令は7月20日に山県内務卿に9月から来年3月までの沖縄県の船舶回漕費の確保を依頼している。出雲丸を活用した大東島巡視調査には9月以降も県の傭船を確保してくれるようアピールする意味が込められていた。
　筆者は『日中領土問題の起源』156頁にて「一方、西村県令の大東島領有への迅速かつ積極的な対応に触発されて、山県内務卿は出雲丸のいっそうの活用を思い立ち、『沖縄県と清国福州との間に散在する無人島、久米赤島外二島取調』を森・大書記官に内命したものと推察される」と書いたが、この部分は訂正を要する。
　前述した通り、内務省の内命は「沖縄県近海無人島巡視取調」であって、沖縄本島東方に位置する大東島の取り調べとともに、沖縄本島西方にあって清国福州との間に散在する無人島の取り調べ実施が当初から含まれていたと解釈すべきである。西村県令の大東島への調査実施の迅速かつ積極的な対応に触発されて、山県内務卿が出雲丸のいっそうの活用を思い立ち、沖縄本島西方に位置する無人島の取り調べ実施を命じたのではない。
　つまり西村県令は4月下旬に沖縄県近海無人島巡視取調の内命を受けた時点で、沖縄本島東方の無人島・大東島とともに、沖縄本島西方に位置する清国福州との間に散在する無人島・久米赤島外二島の取り調べ実施を命じられているものと理解していた。
　大東島の調査を執行することについては西村にはまったくためらう必要性はなかった。むしろ県の傭船の活用という、内務卿も想定していなかった提案をし、迅速にその任務を達成することで、傭船の継続確保を実現するための根拠作りにもした。しかし後者である沖縄本島西方に散在する無人島の取り調べの内命については、どのように対応すればよいか。大東島への積極果断な対処ぶりとは対照的に、西村捨三は沖縄本島西方に散在する無人島への取り調べ実施については懸念と躊躇をせざるを得なかった。

上海『申報』掲載「台島警信」の謎

　東京に出張していた沖縄県大書記官の森長義は1885年9月3日に那覇に向け出発した。出発するに当たり山県内務卿から、9月1日に三条実美太政大臣宛に「沖縄県船舶回漕費」として9月から来年3月までの概算金として3万3741円19銭を支給するよう大蔵省に指示することを求める上申を出したことを伝えられる。山県内務卿はそれと同時に西村県令に対して、規定方針通り、沖縄県と清国福州との間に散在する無人島、久米赤島外二島取調を実施するよう命令を出したものと思われる。森長義が9月3日に那覇に向け出発することは9月1日付で森長義が川村純義海軍卿宛に「9月3日に当地を出発し、帰県」（C10101772100）することの届けを出していることで確認できる。

　ここで謎めいた出来事が発生する。「沖縄県と清国福州との間に散在する無人島取調」の内命を預かった森長義・大書記官が那覇に到着するのは9月18日前後である。

　しかし西村捨三がその内命を受理する前の9月6日、上海の華字紙『申報』に「台島警信」と題する記事が掲載される（図10）。その内容は「『文匯報』〔当時、上海にあった英字紙《The Shanghai Mercury》〕に高麗から伝わって来た情報として、台湾東北辺の海島に、近頃日本人が日章旗をその上に懸け、大いに占拠しようとする勢いにあると謂う。いかなる意見によるものか、まだよく分からないが、一先ずここに記録し、後聞を待つことにする」〔申報〕台島警信：《文匯報》登有高麗伝来信息，謂台湾東北辺之海島，近有日本人懸日旗於其上，大有占踞之勢。未悉是何意見，姑録之，以俟後聞〕というもので、台湾東北辺に位置する島嶼を日本が占拠しようとする動きがあるので、それに警戒するよう呼びかけているのだ。

　英字紙『文匯報』《The Shanghai Mercury》の内容をまだ確認できていないが、台湾からの警告、しかもそれは英字紙に掲載された、高麗（朝鮮）からの情報、と実によく出来た報道内容なので、情報源の秘匿と記事の反響拡大を狙った意図的な情報操作によるものではなかろうか。この推測が正しいかどうかは英字紙《The Shanghai Mercury》に該当する記事

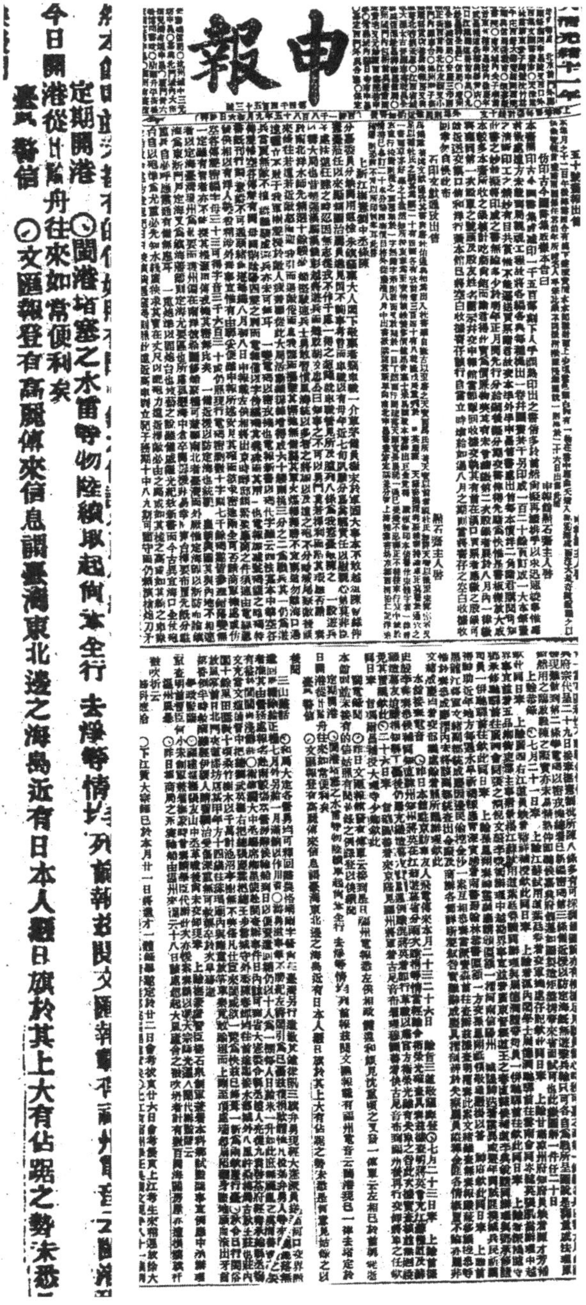

申報

定期開港　○閩港堵塞之木笛等物陸續取起俱已全行去淨等情均列前報茲閱文匯報載平福州電音云閩港今日開港從此船舶往來如常便利矣

臺灣警信　○文匯報登有高麗傳來信息謂臺灣東北邊之海島近有日本人竪日旗於其上大有佔踞之勢未悉

図10　『申報』1885年9月6日

があるか否かで証明される。

　この推測の当否は別として、ここで重要なことは、すでに9月6日の段階に上海の華字紙が日本の動きを報じていることである。

『申報』の記事は8月29日、31日に実施した南大東島、北大東島への調査と国標建設のことを指しているのだろうか。大東島は台湾の東北方向にではなく、東方に位置しているし、中間には沖縄本島が存在している。日本政府が大東島を領有することについて清国側が警戒心を抱く必然性は見いだせない。どう考えても大東島の調査・領有とは関係があるとは思えない。

　となると9月以前に「内命」の概要を入手した人物がいて、『申報』に記事を掲載することで、日本側の動きへの警戒心を喚起する行動に出た、と考えることができよう。

　なぜ内密に行ったはずの命令が外部に流出してしまったのか。筆者は『日中領土問題の起源』を執筆した時点では、内命を受けた森長義が「清国との外交問題になる可能性を否定できないことを危惧し、在京の旧琉球藩関係者あるいは清国側の人物に意見を聞くなどの行動に出たため、その過程で情報の外部流出が発生したのではなかろうか」（159頁）と森の「ためらい」の結果によるものと推測してみた。

　しかし山県有朋内務卿のそもそもの内命は「沖縄県近海無人島巡視取調」であって、しかもそれは8月1日の時点ではなく、西村県令が三度目の沖縄入りをする4月末頃、すでに伝達されていた、となると、まったく別の可能性が見えてくる。

　琉球・沖縄の歴史に詳しく、しかも沖縄本島だけでなく、「琉球二分割案」の衝撃の余波も残っている久米、宮古、八重山の現地視察をも行った西村捨三にとって、沖縄本島の西方、清国福州との間に散在する無人島の取り調べを実施することの問題性を、内命を受けた時点ですぐ気づいたはずである。

　彼は県令に着任して以来、尚泰父子の琉球帰郷を実現させ、彼ら父子の言行を通じて、沖縄の人々に明治政権の新政への信頼感を植えつける努力をしてきた。また清国に亡命し、清国の支援に頼って琉球国の復活を実現

図11　沖縄師範学校編纂『沖縄県地誌略』(1884年)

しようとする「脱清人」の取り締まりを強化してきた。その成果がようやく上がり、沖縄の人々の日本政府への怒りや不信感が徐々に鎮まってきた。せっかくここまで事態を平穏化させることができたのに、小さな無人島のことで騒ぎを起こして「脱清人」など琉球王国の復活を企てる人々の動きを元気づけることになりはしないだろうか。琉球の帰属問題について決着がついていない清国政府に、日本政府非難の口実を与えることになるのではなかろうか。

「沖縄県近海無人島巡視取調」という内命にどのように対処すべきか。

そこで西村は大東島巡視調査については、出雲丸の活用、国標建設をも含め、迅速果断に実施し、政府の命令に忠実であることを示す。

それに対して沖縄本島の西方、清国福州との間に散在する無人島の巡視調査については、慎重に対処することの必要性を理解してもらうため、まず事実関係を明確にし、これらの無人島に手をつけることは、清国との関係を険悪化させる危険性を孕んでいることを内務卿に具申し、内命を取り消してもらうしかない（図11）。

内務卿を説得するためには確実な根拠が必要である。もともと西村捨三は沖縄師範学校編纂『沖縄県地誌略』に「付言」（明治17年仲秋　画像は琉球大学附属図書館仲原善忠文庫の画像データベースより）を書いていることでも明らかなように学究肌の県令であった。彼は1721年に刊行された清国から琉球国への冊封副使・徐葆光の『中山伝信録』をはじめとする数多くの文献・記録を調べた。

　その成果は1886年6月に東京で出版された西村捨三著『南島紀事外篇』乾巻・坤巻として結実している。しかも注目すべきことに『南島紀事外篇』乾巻には「琉球三十六島之図」が収められているが、そこには南・北の大東島が加えられている。本来の「琉球三十六島」には大東島が含まれたことはなかった。西村捨三は1885年8月末にそこに沖縄県管下にあることを示す県標を建てたので、新しく琉球三十六島之図にその事実を加えたのである。注目すべきは南大東島の南には後に日本の領土となる沖大東島も無人島として記載されている。英国海軍の作成した海図等にはすでにこの島（ラサ島）の存在は知られていたので、西村捨三の『南島紀事外篇』乾巻の地図は英国海軍の海図に依拠していると言える。

　しかし注目すべきことに、英国海軍の海図よりも前から釣魚島、黄尾嶼、赤尾嶼としてその存在が知られていた清国福州との間に散在する無人島（今日、日本が「尖閣諸島」と呼んでいる島々）は『南島紀事外篇』乾巻の「琉球三十六島之図」にはまったく描かれていない。彼がこれらの島々は琉球国には属さず、清国に所属している、と認識していたことがここからも伺える。『日中領土問題の起源』179頁に国会図書館所蔵の地図を掲載した。本書では琉球大学附属図書館の仲原善忠文庫に収められた地図を掲載する。こちらのほうが画像はカラーで、しかもより鮮明になっている。http://manwe.lib.u-ryukyu.ac.jp/zenchu/（図12　図に諸島名などを加えた）

　真実を知っているからこそ、慎重に、また説得力のある、明白な根拠を挙げる必要があった。そこで彼は文献・記録に当たるだけでなく、実際に清国と琉球との間を航海した経験のある人々から事情聴取を行った。9月中旬、那覇に戻った森長義から山県有朋内務卿の久米赤島久場島魚釣島之

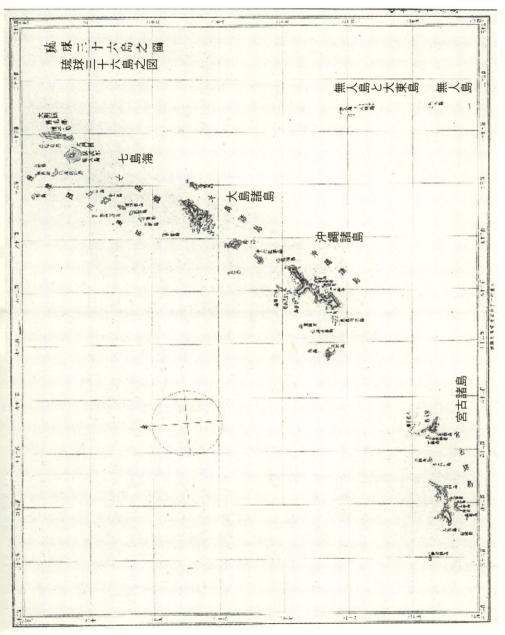

図12　西村捨三『南島紀事外篇』乾巻　「琉球三十六島之図」1886年

三島取調の内命を伝達されたが、大東島の場合とは違って、直ちに出雲丸による出航調査を手配しなかった。

　彼はまず五等属職員である石沢兵吾に、琉球と福州との間の往来経験者からの聞き取り調査を行わせ「久米赤島久場島魚釣島之三島取調書」と題する報告（9月21日　B03041152300の8〜10史料8　150頁）を提出させた。石沢兵吾は美里間切詰山方筆者を奉職している大城永保に聞き取り調査をした。その内容については後に紹介する。

　ここでわれわれが問題にしたいのは、9月3日に東京を発った森長義が那覇に到着するのは早く見積もっても9月18日頃である。西村捨三は内命を伝達されてから、部下の石沢兵吾に大城永保への聞き取り調査の結果をまとめた報告の作成を命じ、石沢は9月21日に西村県令宛に報告書を提出している。それを受けて西村県令は9月22日に山県内務卿宛に「久米赤島外二島取調の儀に付き上申」を提出する。驚くべき迅速な対応である。しかも西村の上申の内容は、上司である内務卿に「国標」建設の内命についての懸念を表明している。内命に接して数日しかたたない時点での部下の反応とはとても考えられない。

　すでに早い段階に「沖縄県近海無人島巡視取調」の内命を受けていたので、沖縄本島西方、清国福州との間に散在する無人島の巡視取調をするよう命じられるものと予想していたとすれば、9月中旬の沖縄県側の迅速な対応ぶりが理解できよう。

　それへの対応策は事前に慎重に検討され、準備されていたのである。琉球と福州との間を往来した経験のある者への聞き取り調査は、大城永保だけを対象にしたものではなかった。「脱清人明細表」（1884年12月段階）によると沖縄県が掌握している数だけでも「脱清人」124人、「脱清未遂者」17人、「帰国者（清国から琉球に戻った人）」323人というおびただしい数にのぼる（後田多敦『琉球救国運動』166頁）。県は彼らの一部に対し取り調べを行っているので、そのなかで那覇と福州との間に散在する無人島の状況についての事情聴取も行われたはずだ。また県職員の中にも明治政府に対しては「陽服陰背」の態度を持ち続けた人物もいたことであろう。日本政府が福州と那覇との間に散在する無人島に何らかの行動

を取ろうとしていることが、これら沖縄在住の「不満分子」を通じて「脱清人」に知られ、その情報が中国側にも伝わり、上海『申報』の「台島警信」という記事を生んだものと思われる。

国標建設への懸念表明

　8月中旬に大東島巡視取調実施命令を受け取った時点で、その次には福州と那覇の間に散在する無人島の巡視取調実施命令が下るであろうことを西村捨三は十分承知していた。対応策もそれなりに考えていたのだろう。

　9月中旬に実際にその内命を受理してからの対応は、大東島への巡視取り調べの対応とは明らかに異なっていた。今回は即座に出雲丸を出航させる手筈をとらない。まずは石沢兵吾五等属に沖縄と清国福州との間に散在する久米赤島、久場島、魚釣島についての聞き取り調査を命じる。というのはこれらの島嶼は琉球と清国福州との往来活動に従事したことのある一部の琉球人にとっては既知の存在であったからである。石沢兵吾は9月21日に「久米赤島、久場島、魚釣島の三島取調書」（B03041152300の8～10）を西村県令に提出する。以下にその概要を現代文表記で紹介する。詳しくは史料8　150頁を見ていただきたい。

　　「久米赤島、久場島、魚釣島の三島は沖縄と清国福州との間に散在する無人島であるというのは一般に言われているとおりであり、本県人もしばしばそこに渡ったことがあるというのは昔から流布している説ではあるが、書物でそのことを詳しく書いたものは見受けられない。
　　しかしながら、今は美里間切詰山方筆者の職にある大城永保という人物は、廃藩（1879年）前に、公私の用でたびたび清国に渡航したおりに、実際に目撃したことがあると、私に語ったことがあったので、直接本人に会って聴取したところ、概ね以下のようであった。
　　一　久米赤島
　　　この島は久米島から未申（南西）の方角、おおよそ七十里のところにある。清国の福州からは二百里ほどになるだろうか。山がそびえ立

ち地面は平坦である。頂上は高くて久米島に劣らない。島の長さはおおよそ27、8町、幅は17、8町ほどだろう。土質は赤土で、コバの木は繁茂しているが、他に良質の樹木や流水は見られない。この島の南方1里半ほどまで近寄ったが、沿岸で船舶が碇泊するのに適したところは見受けられなかった。ただ海鳥の糞が堆積しているのを確認した。

一　久場島

　この島は久米島より午未（南南西）の方角、おおよそ百里の距離にあり、八重山島の内、石垣島に近く、おおよそ六十里余のところに位置する島で、長さは31、2町、幅17、8町はあるだろう。山、植物、地形、沿岸、いずれも久米赤島によく似ているので、特に記すことはない。鳥糞がない点が異なるだけである。ここに接近したのはその南側およそ2里であった。

一　魚釣島

　この島の方位は久場島と同じで、ただ10里ほど遠い。延長はおよそ2里の1里位である〔半分という意味か〕。一回はこの島の北方においておおよそ25、6町を隔てて見たことがあり、一回はその南方を航海するおり、帆船が順風を失ったため、6時間程寄港したことがあり、本船の伝馬（はしけのような小船）に乗って岸近くまで接近したが、無人島なので、どのような動物が生息するか推測がつかないので、あえて上陸することはしなかった。この島の高いところは久米島に劣らないが、西・南二方の海岸はやや険峻になっている。東・北の二方には白浜がある。平坦な広野があるだけでなく、沖縄本島のように松その他の雑木が繁茂しており、しかも山中には滝があるのが見えた。陸は野禽が富み、海岸には海禽が富んでいる。沿海には鮫、鱶（ふか）、その他の魚類が多く見られた。実に農業、漁業いずれを営むのに充分適した島のようである。

　以上は大城永保が目撃したことを聞き書きしたものである。同人がこれら3島を最初に見たのは安政6年〔1859年〕のことで、その後3、4年の間、年々渡清した際の帰路に、2、3度見たことがあると言う。

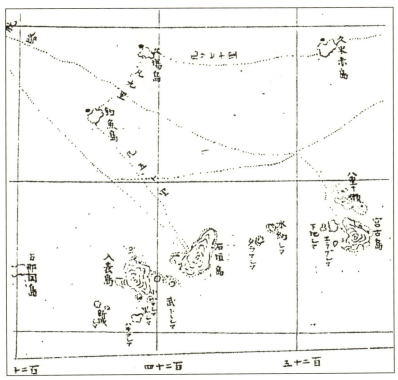

図13 『琉球新誌』石沢兵吾の図（1885年）

　ここに挙げた三島の名称は従来、沖縄諸島がみな唱えていたものであるという。今これを英国出版の本邦と台湾間の海図に照らしてみると、久米赤島は Sia u see、久場島は Pinnacle、魚釣島は Hoa-pin-see に相当し、『中山伝信録』の赤尾嶼は久米赤島、黄尾嶼は久場島、釣魚台は魚釣島に相当するものであろう。大城永保の説に拠って、今仮に『琉球新誌』の図に書き入れ、その位置の概略を記す。固よりその配置、大小いずれも正確とは言えない。ただ閣下のご洞察に供することができれば幸甚です。頓首再拝
　明治18年9月21日
　　　　五等属石沢兵吾

沖縄県令西村捨三殿閣下

　石沢兵吾が『琉球新誌』に書き込んだ図（本書ではその一部分を表示する、図13）を見ると、渡清航路と帰帆航路が点線で記されていて、帰帆航路として釣魚島（魚釣島とは書かれていない）と久場島の間を通り、久米赤島の南を通って久米島、慶良間諸島から那覇に向かう線が引かれている。ただし帰帆航路にはもう一本、釣魚島の西側から石垣島にいたる線も引かれている。注目すべき事実である。

　石沢兵吾は報告書を書くにあたり英国出版の海図や『中山伝信録』にも当たっているのだから、短期間に作られたとは思えない。

　翌日、西村捨三は「久米赤島外二島取調の儀に付き上申」を作成する。それも現代文表記にして紹介しよう。オリジナルはB03041152300の7にあり、本書にも史料9　151頁として収めているので、必要に応じてそれらを参照していただきたい。

　久米赤島外二島取調の儀に付き上申
　　本県と清国福州間に散在する無人島取調の件につき、先般、在京中の森・本県大書記官へご内命がありましたので、取り調べをいたしました。その概略は別紙の通りでございます。
　　そもそも久米赤島、久場島、魚釣島という呼び方は古来、本県における名称であり、しかも本県が所轄する久米、宮古、八重山等の群島に接近している無人の島嶼ですから、沖縄県に所属するものとしても特に差し支えがあるようには見受けられませんが、過日お届けに及びました大東島（本県と小笠原島との間にある）とは地勢も異なり、〔清国の冊封副使徐葆光の〕『中山伝信録』に記載されている釣魚台、黄尾嶼、赤尾嶼と同一である疑いが存在しております。もしも同一である場合には、清国が旧中山王を冊封するために派遣した使節の船が詳しく知っているだけでなく、それぞれの島嶼に名称も付け、琉球航海の目標としてきたことは明らかです。
　　したがって大東島の場合と同様に、踏査と同時に国標を建設する

ことはいかがなものか、と懸念せざるを得ませんので、来月（10月）中旬に宮古、八重山の先島両島に県の備船である出雲丸が出航いたしますので、その帰路にとりあえず実地踏査をいたし、ご報告申し上げますが、国標建設等の件につきましては、なおご指揮を承りたく、ここに併せて上申いたします。
　明治18年9月22日　　　沖縄県令西村捨三
　内務卿伯爵山県有朋殿

　西村県令は上司である山県内務卿の内命を明確な形で批判することはできないし、内命の執行をあからさまに拒否することもできない。調査実施命令については執行せざるを得ない。ただし大東島の場合には自分のほうから出雲丸の利用を申し出たし、内命が届くや、直ちに出雲丸を出航させているのに対し、今回は10月中旬に出雲丸が先島諸島に出航する予定があるので、その帰路に立ち寄らせる、ときわめて消極的な対応を示している。国標建設等の件につきましては、なおご指揮をうけたまわりたく（原文は「国標取建等の義、尚御指揮を請度」）ということは、命令を再検討していただきたい、内心は撤回してほしい、と訴えているのである。
　以上の通り、大東島と今回の三島調査とでは西村捨三の対応ぶりには顕著な違いがある。1879年の「琉球処分」、翌年の「琉球分割案」と相次ぐ日本政府の沖縄に対する身勝手な仕打ちに、沖縄の人々の不信と憤りが高まっていた。そのような状況に対して硬軟両手段を尽くし苦心惨憺、人心を安堵させようと奮闘している現場の努力を台無しにするような指示に、西村は内心、憤懣やる方なし、といったところであっただろう。

不要のコンプリケーションを避けること

　石沢兵吾の9月21日の取調書、西村県令の9月22日付け上申は2週間ほどして山県内務卿の手元に届く。それを受けて山県は10月9日に井上馨外務卿に「別紙甲号の通、同県令より上申侯に付、即ち別紙乙号の如く其筋へ相伺度存候。就ては御意見承知致度、此段及御照会侯也」と照会

(B03041152300の5　史料10　152頁）を発する。
　添付した別紙甲号とは9月22日付け西村県令の上申伺であり、別紙乙号として「其筋」（三条実美太政大臣）に提出した内容は以下の通りである。（B03041152300の6　史料11　153頁）

　　「別紙之通、同県令より上申侯処、右諸島の義は中山伝信録に記載せる島嶼と同一の如く侯へ共、只針路の方向を取りたる迄にて、別に清国所属の証跡は少しも相見へ不申（もうさず）。且つ名称の如きは、我と彼と各其唱ふる所を異にし、沖縄所轄の宮古、八重山等に接近したる無人の島嶼に有之侯へば、同県に於て実地踏査の上、国標取建候義、差支無之（さしつかえなし）と相考候間、至急何分の御詮議相成候様致度、別紙相添、此段相伺候也」

　琉球の歴史と現状にあまり関心を寄せない山県有朋からすれば、『中山伝信録』に記載があると言ったところで、それは単なる航路の標識に過ぎず、清国の所属である証拠とは思えない。名称が付いているといっても、それは双方呼び方が違うだけのこと。距離的に沖縄県の宮古、八重山に近い無人島なのだから、国標を建設することは何ら差し支えないと考えられる。そこで、至急詮議にかけていただきたい、という太政官上申案を作成し、井上馨外務卿の意見を聞くことにする。山県内務卿からすれば、井上外務卿の同意は当然得られるものと思っていた。
　ところが井上外務卿は直ちに回答をしない。12日もの熟考期間をおいた10月21日に「親展　第38号」（B03041152300の13〜14　史料13　153頁）を山県内務卿に提出する。

　　「本月9日附甲第38号をもって御協議のことがらについて、熟考いたしたところ、これらの島嶼の件は清国の国境にも接近いたしており、先に踏査いたした大東島に較べれば、面積も小さいように見える。ことに清国ではそれらの島に名称も付けていることもあり、近頃、清国の新聞紙等にも、わが国政府が台湾の近傍の清国所属の島嶼を占拠し

ようとしているとの噂を掲載して、わが国に対して猜疑の念を起こさせ、しきりに清国政府に注意を促している動きもあることなので、この際、急に国標を建設するなどの処置を公然と行った場合には、清国の疑惑を招く恐れがあるので、とりあえず実地踏査をし、港湾の形状や土地、物産、開拓の見込の有無などの詳細を報告させるだけにとどめ、国標を建てて開拓等に着手するのは、他日の機会に譲ったほうが適当と思われる。

　しかも先に踏査した大東島と今回踏査することについて、『官報』および新聞紙に掲載されないほうが宜しいと思われるので、それぞれご注意されたく、回答ついでに拙官の意見を申し上げます。」

　実は井上外務卿のもとには部下からの手書きメモが届いていた。(B03041152300の3　史料12　153頁)　その内容は以下の通りである。

　「近時清国の新聞に我政府が清国に属する台湾地方の島嶼を占拠せし様の風評を掲げ、清政府の注意を喚起せしことあり。故に此際叢爾たる〔非常に小さな〕一小嶼には暫時は着分不相応こと、不要のコンプリケーションを避くること、好政策なるべし、相乞次第哉」（図14）

　手書きメモを書いた人物は誰か。今年（2014年）4月に台北で開かれた中央研究院近代史研究所主催の「多元的視野のもとでの釣魚台列嶼新論国際シンポジウム」において面識を得た邵漢儀・台湾政治大学研究員から、メモの書き手は外務省公信局長の浅田徳則であることを教えていただいた。ここに記して感謝の意を表する。浅田徳則は9月6日付『申報』の記事「台島警信」を読み、井上外務卿に注意喚起の提言を行っていたのである。

　井上外務卿の手元には山県内務卿から別紙甲号として送付されてきた9月22日付けの西村沖縄県令からの上申伺もあり、また『申報』9月6日号の記事とともに「不要のコンプリケーション」（紛糾）を避けたほうがよい、と進言する部下からのメモもある。それらに目を通し、「沖縄県と清国福州との間に散在する無人島」への国標建設がどのような結果をもた

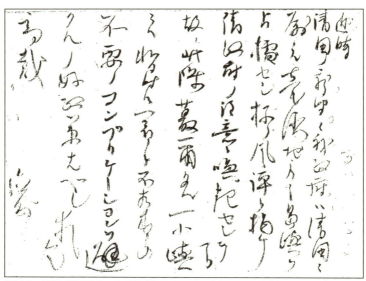

図14　外務省手書きメモ「不要のコンプリケーションを避くること」

らすのかを熟考した。井上外務卿には条約改正問題と絡めて琉球分割案を清国に提起し、いずれも成果を収めることができなかったという苦い経験がある。いままたこの小さな無人島のことで清国政府に猜疑心を喚起させるのは得策ではない。当面は港湾や土地、物産、開拓の見込みなどを調べるだけに止めるべき、という意見を山県に回答する。

しかも井上外務卿はすでに実施した大東島への調査と国標建設をも含め、沖縄県近海無人島の調査活動を『官報』や新聞紙に掲載しないほうがよい、との勧告を山県内務卿にしている。彼が清国政府の反応について非常に敏感になっていたことが分かる。

井上外務卿からの回答は山県内務卿にとって想定外のものであった。しかし同意が得られなかった以上、太政官上申案を取り下げざるを得ない。そのため西村県令からの9月22日付上申伺に対して、新たな指示を出すことができない。沖縄県と清国福州との間に散在する無人島へ国標建設の内命実施は宙に浮いたままとなった。

外務省の詭弁

 ここであえて21世紀の今日に飛ぶ。外務省のホームページの「尖閣諸島に関するQ&A」(http://www.mofa.go.jp/mofaj/area/senkaku/qa_1010.html#q8)にはここで取り上げた山県と井上とのやりとりに関する奇怪な紹介が掲載されている。

 Q8 中国政府は、1885年の日本の外務大臣から内務大臣に宛てた書簡等を取り上げ、明治政府は尖閣諸島の沖縄県への編入前に同諸島が中国の領土であることを認識していた旨主張していますが、日本政府はどのような見解を有していますか。

 A8 1885年の外務大臣の書簡〔10月21日〕は、編入手続を行う過程における一つの文書であり、そこには清国の動向について記述があるのは事実ですが、日本政府として、清国が尖閣諸島を領有していると認識していたとは全く読み取れず、同書簡はむしろ当時尖閣諸島が清国に属さないとの前提の下、我が国がいかに丁寧かつ慎重に領土編入の手続を進めてきたかを示すものです。外務大臣が同書簡の中で実地踏査を支持していることからも、尖閣諸島を清国の領土であると考えていなかったことは明らかです。

 また、1885年に内務大臣から外務大臣に宛てた書簡〔10月9日〕でも尖閣諸島に「清国所属の証跡は少しも相見え申さず」と明確に記載されています。

 このQ&Aの後ろに「参考」として「井上外務大臣から山県内務大臣への書簡（1885年10月21日）」と「山県内務大臣から井上外務大臣への書簡（1885年10月9日）」を現代語表記にして掲載している。現代語表記で公開することは読みやすくなるので結構なことである。ただしその紹介の仕方が実に汚い。10月21日の井上の書簡を先に出し、山県の10月9

日の書簡を後ろに持ってきている。

　山県は10月9日の井上に宛てた書簡で「右諸島の儀は中山伝信録に記載せる島嶼と同一の如くであるが、ただ針路の方向を取りたるまでにて、別に清国所属の証跡は少しも相見え申さず、かつ名称のごときは我と彼と各その唱うるところ異にして沖縄所轄の宮古八重山等に接近したる無人の島嶼にあり、同県において実地踏査の上国標建設の義、差し支えなしと考える」という見解を示して井上の同意を得ようとした。

　それに対して井上は関連資料を見て熟考した末、10月21日に「右島嶼の儀は、清国国境にも接近しており、踏査を終えると〔終えた、とすべき〕大東島に比べれば、周囲も小さく見え、特に清国にはその名も付し、近時清国新聞等にも我が政府において台湾近傍清国所属の島を占領せんとする等の風説を掲載し、我が国に対して猜疑を抱き、頻に清政府の注意を促しているところでもあり、これについては、この際、公然と国標を建設する等の処置を行えば、清国の疑惑を招くだろう。実地踏査をさせ、港湾の形状並びに土地物産開拓見込の有無詳細を報告させるに止め、国標を建て開拓等に着手するは他日の機会に譲るべきだろう」と回答しているのである。

　つまり井上の10月21日の回答は、9月22日の西村県令の懸念表明に同意を示し、10月9日に山県が作成した「清国所属の証跡は少しも相見え申さず」とした「太政官上申案」をはっきりと否定している。それなのに順序を逆にし、あたかも井上の見解表明に対して山県が回答しているかのような紹介の仕方をしている。意図的に誤解を引き起こさせようとする狙いが込められていることは明白である。

　井上外務卿が「尖閣諸島を清国の領土であると考えていなかったことは明らか」などとどうして言えようか。「清国所属の証跡は少しも相見え申さず」と意気込んだ山県は井上の返信を受け取ったあと、「太政官上申案」の内申提出を放棄し、沈黙するしかなかったではないか。外務省のこのQ&Aは子供だましの詭弁に過ぎない。このような低レベルの欺瞞を人々は見抜けないとでも思っているのだろうか。

11月5日の西村県令の上申について

　一方、那覇では西村が山県からの回答（上司からのものだから「指示」）が届くのを待っていた。通常なら那覇と東京都の間の文書の往復なら1カ月程度で済むだろう。9月22日に出した上申なので、10月下旬となれば、指示が届いてよい頃だ。山県からの内命に対し、10月中旬に先島諸島に向け那覇を出帆する出雲丸の帰便を利用して実地踏査をする、と回答していたので、予定通りそれを実行する。

　10月22日、石沢兵吾等県職員6名を乗せた「出雲丸」は那覇港を出航し、先島諸島に向かう。10月29日に出雲丸は入表（西表）島から那覇に向かう帰路、魚釣島方向に針路をとり、30日午前8時から午後2時までの間に魚釣島に上陸し現地調査を行う。

　魚釣島での調査は長めにみてもせいぜい6時間であった。次に久場島に向かったが、すでに日没間近、しかも東北の風が強くなったため、上陸はせず船上から「傍観」するだけであった。久米赤島にいたっては夜になったので、島の位置の確認すらできなかった。

　本気で調査をする意志があるのなら、大東島の例にならって、翌日調査を行えばよいはずだが、出雲丸はそうはせず11月1日、那覇に帰港した。大東島への巡視調査では8月29日に南大東島を、31日に北大東島を、それぞれ上陸調査し、しかも持参した標識を建てていたのだから、今回の調査が如何に手抜き、形だけの調査に過ぎないことが判る。記録には留めていないが、西村県令からその程度でよい、との指示があってのことだろう。

　この時の西村の行動は注目に値する。出雲丸が那覇を出航したのは前述した通り10月22日であり、那覇に帰港したのは11月1日。天候等の影響も受けることもあるので確実とはいえないが、帰港日の予測はおおよそ付く。しかし彼は出雲丸の帰港するはずの11月1日を待たずに、つまり魚釣島等への調査結果を自分で確かめることもせずに、森長義・大書記官を県令代理として、自分は東京に出向いてしまう。

　実は西村捨三沖縄県令代理として沖縄県大書記官森長義が県の文書に署名している事例は10月5日の「沖縄より徴兵事務条例不実施云々伺」

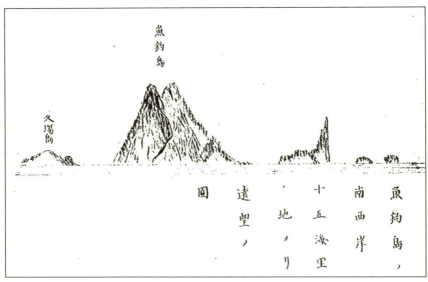

図 15　石浜兵吾の復命書にある遠望の図

（C07060124700）にすでに登場している。その時点で彼は那覇を離れていた可能性がある。9月22日以降、西村捨三がどのような行動をとっていたのか、まだ筆者には解明できていない。

　彼が那覇を発った日は特定できないが、東京に到着した日が11月13日であることは『官報』11月17日号に掲載されているので間違いない。おそらく出雲丸が那覇を出航して間もない10月下旬に那覇を発ったのであろう。彼にとって石沢兵吾等の魚釣島等の調査報告を聞くことよりももっと気がかりで重要な任務があったからである。

　11月1日に那覇に戻った出雲丸の船長・林鶴松は11月2日に「魚釣、久場、久米赤島回航報告書」（史料14　154頁）を、県五等属職員の石沢兵吾は11月4日に「魚釣島外二島巡視取調概略」（史料15　156頁）と題する復命書を提出する（図15）。いずれも提出先は西村県令代理の森長義・大書記官である。

　それらを踏まえて森長義が11月5日に「第384号　魚釣島外二島実地取調の義に付上申」（B03041152300の32　史料16　159頁）を沖縄県令

西村捨三の名義で書く。西村から県令代理を委任されているのだから、彼が西村捨三県令の名義で上申を書くことに問題があるわけではない。問題はその中身である。

「依て熟考するに最初清国と接近するの疑を抱き、何れに属するや否に到ては、甚だ不決断の語を添へ上申候得共、今回の復命及報告書に拠れば、勿論貴重の島嶼には無之候得共、地形より論ずるときは、即ち我八重山群島の北西にして、与那国島より遥に東北に位すれば、本県の所轄と御決定相成可然哉(あいなるしかるべきや)に被考候。果して然ば、大東島の例に倣へ、本県所轄の標札、魚釣島、久場島へ船便、都合を以て建設致可然哉」

「何れに属するや否に到ては、甚だ不決断の語を添えて上申」いたしましたが、とは9月22日に西村県令が書いた上申伺を指している。そして今回、復命書、報告書を得て、沖縄県の所轄と決定することは当然のことと思います。大東島の例に倣って、本県所轄の標札〔杭〕を建てること、魚釣島、久場島への船便を設けることも当然と思われます、と国標建設への憂慮を示した9月22日の内容とは正反対のことを書いている。西村名義による上申ではあるが、西村本人の考えを否定したものであることは間違いない。森大書記官は夏に上京していた際に山県内務卿から授けられた内命に忠実たらんとしていたのである。

11月13日に東京に到着していた西村捨三の手元に、石沢の復命書と林の報告書を添付した森長義作成の11月5日付け上申書が届く。その時期は11月24日かその直前であろう。西村はそれらを読み、森が書いた上申は破棄し、石沢の復命書と林の報告書のみを内務省、外務省に提出する。

何を根拠に11月5日の上申を破棄した、と断定できるのか。現に外務省記録「帝国版図関係雑件」のなかの「沖縄県久米赤島、久場島、魚釣島へ国標建設の件　明治十八年十月」に「第384号　魚釣島外二島実地取調の義に付上申」として保存されているのだから、破棄されたとは言えないはずだ、との反論は当然のことながら、予測される。

内務省「公文別録」に収録されていない

　ここでアジア歴史資料センター（JACAR）に公開されている本件に関する文献を整理してみよう。

　アジア歴史資料センターには「沖縄県と清国福州との間に散在する無人島への国標建設」に関する文書を集めた資料として2系統の文書綴りが存在している。

　一つは外務省に保存されている「帝国版図関係雑件」としてまとめられた綴り（B03041152300）である。そこには48面の文書画像がまとめられており、その32面目が現在問題にしている1885年11月5日の西村捨三名義の文書である。

　もう一つは内務省の「公文別録」第四巻　明治18（1885）年にまとめられている「沖縄県と清国福州との間に散在する無人島へ国標建設の件」と題する文書群（A03022910000）で、こちらは21面ある。

　内務省の「公文別録」第四巻には明治18年の沖縄県に関する内務省文書が他にもいくつか保存されている。その件名とレファレンスコードを列挙すると以下の通りとなる。

旧琉球藩王尚泰四男尚順、金禄賜給の件　A03022909400
沖縄県船舶回漕費の件　　A03022909600
沖縄県航行汽船の件　　　A03022909900
沖縄県と清国福州との間に散在する無人島へ国標建設の件　A03022910000

　この「公文別録」第四巻は基本的に明治18年の内務省管轄下の関係文書をそれぞれのテーマごとにまとめたものだが、「沖縄県と清国福州との間に散在する無人島へ国標建設の件」には、外務省の「帝国版図関係雑件」に収められている以下の文書が収められていない。

9月21日の石沢兵吾の取調書
9月22日の西村捨三の上申伺

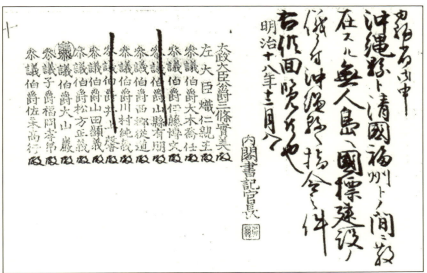

図16 内務省内申（1885年12月8日）

10月9日の山県有朋内務卿の井上外務卿宛書簡と太政官上申案
10月21日の井上馨外務卿の山県内務卿宛の返信

「公文別録」第四巻に収められているのを日付順に並べると
　11月2日の林鶴松船長の回航報告書　11月4日の石沢兵吾の巡視取調概略から始まり、次は11月24日の沖縄県令西村捨三の井上馨外務卿と山県有朋内務卿に宛てた書簡であって、11月5日の西村捨三名義の上申は収められていない。
　なぜ内務省「公文別録」第四巻には9月21日の石沢兵吾の取調書から10月21日の井上馨の山県有朋宛書簡までの文書が収められていないのだろうか。
　「公文別録」の「沖縄県と清国福州との間に散在する無人島へ国標建設の件」（A03022910000　史料24　165頁）の冒頭画像を見れば、その理由が理解できる。（図16）

第3章　国標建設中止の経緯 …… 73

内務省内申
　　沖縄県と清国福州との間に散在する無人島へ国標建設の儀に付、沖縄県へ指令の件、右御回覧候也
　　明治18年12月8日

　内閣書記官長による三条実美太政大臣等への回覧文書が冒頭に収められている、ということは、この文書綴りは12月5日の沖縄県への指令発出（後述）にいたる関連文書をまとめたものということを意味している。
　すでに紹介した通り、山県内務卿は10月初旬に「太政官上申案」を作成していたが、井上外務卿の同意を得られなかったため、10月時点で作成した「太政官上申案」は廃案になってしまった。そこで10月の「太政官上申案」提出に関わる文書はすべて内務省「公文別録」には収められなくなったと推定できる。「沖縄県近海無人島巡視取調」の内命や「大東島巡視取調」に関する文書が内務省の管轄する文書として保存されていないという事実も、この「太政官上申案」廃案と関連している可能性がきわめて高い。
　それに対して11月2日の林鶴松船長の報告書、11月4日の石沢兵吾の復命書は内務省の「公文別録」にも、外務省の「帝国版図関係雑件」にも収められており、明治18年の時点でそれらは間違いなく内務省、外務省に提出されていたことが判る。
　問題は西村県令名義で森大書記官が書いた11月5日の上申である。上京していた西村は、森が書いた上申を見て、自分の考えとはまったく違うため、破棄した、というのであれば、内務省の明治18年文書に存在していないことは理解できる。
　そうであるのならなぜ外務省の「帝国版図関係雑件」にはそれが収められているのだろうか。この「謎解き」は後に行うとして、ひとまず東京における85年11月のその後の西村捨三の動きに注目しよう。

目下建設を要せざると心得べきこと

　前述した通り、西村捨三は 11 月 13 日に東京に到着した。その後の彼の行動を記した貴重な文書が内務省の「公文別録」の「上書建言録」第 3 巻に収められていた。
　11 月 16 日に三条実美太政大臣に宛てた書簡で「沖縄県令建議、内閣諸公の内、該県下巡視及び電信線架設等を希望するの議」（A03022953000 史料 17　160 頁）という件名が付けられている。

　　沖縄県治の義に付ては昨年来、種々仁恵の特典御施行相成、寛厚の朝旨遍(あまね)く貫徹いたし、沖縄地方、空前絶後、今日の如き康楽は復た有之間敷、鼓腹安堵、今更何の申分も無之、一同悦腹候姿に有之。
　　且今夏〔1885 年 2 月であり今冬が正しい〕中、県治前途の方案伺出候処、夫々御指揮之旨も有之。内部の義は先一段落の場合に立至り候得共、何分清国との関係全く不相絶、復旧云々の妄想は匹夫匹婦に至る迄、依然包蔵の情勢にて、毎々上申仕候通、漂流人又は脱清人等、帰琉の節は福建衙門より旧に依り中山王尚宛の咨文下附、并に光緒暦頒布等、吾邦廃置之処分は公認不致姿た。随て一般人民も半信半疑の間に彷徨いたし。
　　加之、近況英露関係等より御命令の次第も有之。一ト通り南部諸島〔先島諸島のこと〕取締に及候共、船艦繋泊、石炭産出の場所柄も有之。兎角に炎洋激浪間、手の廻り無候遠々地、夫是懸念不尠(すくなからず)。
　　且近日清国に於ても海軍振張之景況に付、万一日本海巡邏之序(ついで)、沖縄地方に碇泊いたし、彼は依然所属の国柄と認め、諸般自伩の進退致し、土民は慕旧の念より来往歓遇候様の義出来候へば、取扱上如何様之葛藤を醸成候哉も不被相計。
　　何分公然御談判済不相成琉按〔琉球所属問題〕、彼此猜疑、東方の妖雲は今尚ほ靉靆(あいたい)〔勢い盛ん〕たる場所柄にして、廃置以来、当路の顕官来往視察の挙も無之。今日に至るも、電信架設の場合にも不立至。仮令内部は稍々安堵の形状を表するも、外部不慮の掛引上、爾後如何

可有之哉と杞憂の至に不堪。

　抑も大島以南二百五十六里間、無慮数十の島嶼、人口亦五十万に及候旧琉球群島、況んや東洋多事の今日、殊に清国との関係不相絶地方に付、何卒此際、内閣諸公の御内にて壱度御巡回、地理、風俗等親しく御視察、前途の御方策一定引続き電信架設、不慮の掛引十分出来候様、御仕向け無之ては、乍恐御安心の御場合とは難申。必竟御国務上無余義次第と被存候条、何卒内閣諸公の御巡視、且電信架設の両条、宜敷御詮議御坐候様、希望の至に不堪。此段建言仕候也。

　　明治18年11月16日
　　　　　　沖縄県令　西村捨三
　太政大臣公爵　三条実美殿

　西村は13日に東京に着いて間もない16日に三条太政大臣宛にこの訴えを出している。その内容は「清国との関係全く不相絶、復旧云々の妄想は匹夫匹婦に至る迄、依然包蔵の情勢」、琉球に帰還した「漂流人又は脱清人等」が盛んに清国の救援ぶりを伝えて「一般人民に半信半疑」の懸念を煽る活動をしていること、しかも「英露関係等」の緊迫化、「清国の海軍振張之景況」もあり、琉球帰属問題は未解決のままの状況で、万一清国の艦船が沖縄地方に碇泊するような事態が発生したら、「土民は慕旧の念より来往歓遇」の動きに出るやも知れないこと、「東方の妖雲が今なお立ち込めている場所柄」であるにも関わらず、電信架設すら設置されていない状況にあり、「況んや東洋多事の今日、殊に清国との関係、不相絶地方」であることなどを伝え、政府指導者が自ら視察し、現状を適切に掌握していただきたい、と訴えている。

　清国福州との間に散在する無人島取調についての直接的な言及はないが、明らかに沖縄の実情に無理解のまま、あれやこれやと指揮してくる政府当局への切迫した訴えである。この訴えは三条太政大臣だけでなく、山県内務卿、井上外務卿にも提出されたことであろう。

　なお「内閣諸公の御巡視」についての訴えは受理され、翌年2月末に山県有朋内務卿が沖縄巡視をする。西村は沖縄県令としてその先導役を果

たすことで沖縄での任務を終える。

　森長義が書いた11月5日の西村名義の上申等の書類が東京に届くには、2週間ほどの時間を要したであろうから、西村捨三がそれを読んだのは11月24日直前であったと思われる。

　前述した通り、森の西村僭称上申書は西村本人によって破棄されるが、11月2日の林船長の報告書、同4日の石沢職員の復命書についてはそのような扱いをしていない。

　西村は11月24日に山県内務卿と井上外務卿に宛て同一内容の書簡を発するが、石沢の復命書も添えられているので、西村の書簡（B03041152300の17　史料19　162頁）は11月5日の上申に代わる役割を持つものと見做せる。しかしその内容は簡潔明瞭である。

　　「管下無人島の儀に付、兼て御下命の次第も有之、取調為致候処、今般別紙の通、復命書差出候。該島国標建設の儀は嘗て伺書の通、清国と関係なきにしもあらず。万一不都合を生じ候ては不相済候に付、如何取計可然哉、至急何分の御指揮奉仰候也」

　かつて伺書の通り、とは国標建設の内命を受けたことに対し、西村が懸念を表明した9月22日の上申伺を指す。清国と関係がないとは言えないので、国標を建設することで、清国との間で万一不都合な事態を生じさせてしまっては相済まないので、どのように取り計らうべきか、至急何らかの指揮を仰ぎ奉る、とある。部下の立場だから「御指揮を仰ぎ奉る」という表現にならざるを得ないが、実際には早急に国標建設の内命を撤回していただきたい、との強い要請である。

　そのような伺いを立てるにあたって理由を縷々述べることなく、単刀直入に見解を開陳している。11月13日に上京して以来、16日に三条太政大臣に建言しているし、直属上司の山県内務卿に会って事情説明を行うだけでなく、井上外務卿にも面会して沖縄の現状の紹介や国標建設にたいする懸念を報告していたものと思われる。そのため11月24日には部下から届いた復命書を提出するとともに、井上と山県に同一の内容の短い書簡

を発し、国標建設について内命撤回の指令を発していただきたい、と訴えたのである。

　山県内務卿は10月9日提案した「太政官上申案」が、井上外務卿の同意を得られないという想定外の事態になったため、9月22日の西村の上申伺に対し、新たな指示を出すことができず、放置するしかなかった。今回は西村が直接東京までやってきて、県職員の巡視調査復命書も添えたうえで指揮を仰いでいる。しかも西村は井上にも同じ内容の書簡を出している。
　これではさすがの山県内務卿も国標建設の内命を放置しておくわけにはいかない。内命を出した本人が、その解決策を出さねばならない。そこでまず内務卿から外務卿に照会をし、内務、外務両卿の見解を統一し、太政官に内申するという形を取ることにした。
　11月30日に山県内務卿は井上外務卿に「秘第218号の2　無人島へ国標建設に関し沖縄県令への指令案協議の件」という照会を発する。今回の「指令案」は「書面伺之趣、目下建設を要せざる儀と可心得事」（B03041152300の15　史料21　164頁）というものである。
　10月9日の山県の「太政官上申案」では「国標建設の義、差し支えなしと考える」としていたが、今回の太政大臣宛への内申案は「書面伺之趣、目下建設を要せざる儀と可心得事」とまったく異なっている。井上の対応も前回とは異なり、直ちに回答する。12月4日に「親展第42号」で「当省に於ても御同見に候」（史料22　164頁）と同意を表明する。
　それを受けて翌12月5日に山県内務卿は「秘第128号の内　無人島への国標建設之儀に付内申」（A03022910000の2　史料23　165頁）を三条実美太政大臣に提出する。

　　「沖縄県と清国福州との間に散在せる魚釣島外二島踏査の儀に付、別紙写の通、同県令より上申候処、国標建設の儀は清国に交渉し、彼是（かれこれ）都合も有之候に付、目下見合せ候方、可然と相考候間、外務卿と協議の上、其旨同県へ致指令候条、此段及内申候也」

ようやくこれで「書面伺いの趣、目下建設を要せざる儀と可心得事」という結論に達することができた。これが1885年12月における日本政府としての正式な結論である。
　なおここで注意すべきは12月5日の文書で言及されている沖縄県令からの上申とは、9月22日に西村県令が国標建設の内命への懸念を抱いて出した伺い、そして11月24日の国標建設は清国とも関係することなので不都合な事態を招かないよう指揮していただきたい（具体的には取り下げてほしい）という上申伺いであって、決して11月5日の森大書記官が西村県令名義で書いた上申ではない、という事実である。そもそも内務省、外務省には11月5日の僭称上申は提出されていないので、山県は当時、その内容に接する機会もなかった。
　山県内務卿が三条実美太政大臣に宛てた秘第128号の内「無人島への国標建設之儀に付内申」によって、目下のところ建設を見合わせる、という結論となった。これによって1885年の国標建設問題はひとまず落着した。しかし「目下のところ、建設を必要としない」という曖昧な表現で幕引きを図ったやり方は将来に禍根を残すことになる。

西村の沖縄県政は政府から称賛された

　西村捨三は翌明治19（1886）年4月27日付けをもって沖縄県令を退任し、内務省土木局長に任命される。同年10月11日に山県有朋内務大臣は「内務省土木局長西村捨三賞与の件」（内務大臣官房乙第46号　史料30　182頁）を閣議に提出する（図17）。

　　　内務省土木局長西村捨三賞与の件
　　　　　　　内務省土木局長西村捨三
　　右明治16年12月内務大書記官より沖縄県令を兼任せしめられたるに、該県は大に内地と異にして、又当時甚だ困難の事情あり。赴任後、一層勉励し、施政上諸般の事情稍緒に就き、務て島民を慰撫し、旧来の弊習をして漸次改良に赴かしめ、三年間数回風濤の険を冒

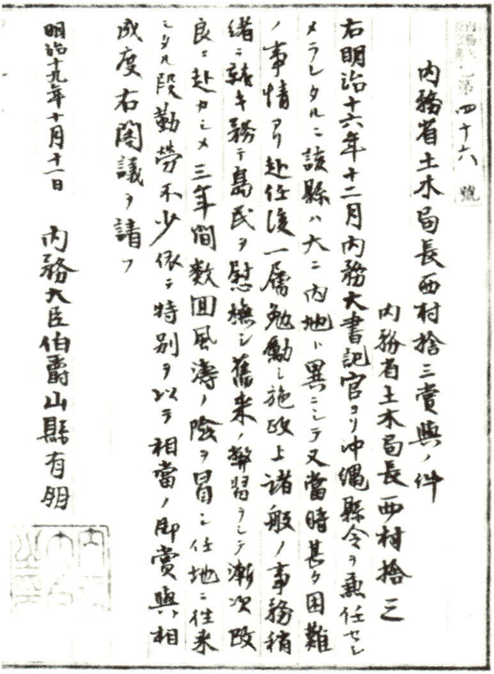
第四十六號

内務省土木局長西村捨三賞與ノ件

内務省土木局長 西村捨三

右明治十六年十二月内務大書記官ヨリ沖縄縣令ヲ兼任セシメラレタルニ該縣ハ大ニ内地ト異ニシテ又當時甚タ困難ノ事情アリ赴任後一層勉勵シ施政上諸般ノ事務稍備ニ就キ務テ島民ヲ慰撫シ舊来ノ弊習ヲシテ漸次改良ニ赴カシメ三年間数回風濤ノ険ヲ冒シ任地ニ往来シタル段勤労不少依テ特別ヲ以テ相當ノ御賞與相成度右閣議ヲ請フ

明治十九年十月十一日 内務大臣伯爵山縣有朋

図 17　山県内務大臣の西村捨三賞与の件（1886 年 10 月）

し、任地に往来したる段、勤労不少。依て特別を以て相当の御賞与相成度、右閣議を請ふ

明治 19 年 10 月 11 日　　　　内務大臣伯爵　山県有朋

（国立公文書館所蔵「公文類聚」第 10 編　明治 19 年第 8 巻）

それを受け 10 月 18 日に辞令案が内閣書記官長から「辞令案」として「花瓶一対下賜候事」が提示され、10 月 27 日に承認される。

西村捨三の三年間に及ぶ沖縄県令としての施策が時の政府から高く評価され、その労苦をねぎらう措置として、一対の花瓶の下賜があった。「その労苦」には「沖縄近海無人島取調」への対応ぶりが含まれていることは指摘するまでもなかろう。これは注目すべきことがらである。

第4章 「たび重なる調査」はなかった

「帝国版図関係雑件」から見えてくる真実

　ここでわれわれが今日利用可能な関係公文書の構成を再度点検してみよう。

　前述した通り、内務省の「公文別録」第四巻は明治18（1885）年の関連文書をまとめたものである。外務省の「帝国版図関係雑件」の「沖縄県久米赤島、久場島、魚釣島へ国標建設の件」は1885年の関連文書と、1894年12月に閣議向けに提出した関連文書を合わせて綴ったものである。

　1885年12月の段階ですでに一件落着したことなので、本来なら1894年の関連文書とは分けて綴じるべきものである。しかしその後も85年のやりとりが尾を引き、10年後の日本政府の対応に影響を与えたことも事実である。「帝国版図関係雑件」に収められたこれらの文書がどのような順序で綴じられているのかに注意しながら文書を読み解いていけば、むしろ当時の担当者のやりとりを理解するのに役立つ。したがって一緒に括られていることも貴重な情報源と見做せる。

「帝国版図関係雑件」に収められた「沖縄県久米赤島、久場島、魚釣島へ国標建設の件」の作成時期だけでなく、その綴られ方、すなわちそれらの画像番号にも注目しよう。『日中領土問題の起源』235頁以降に「付録　アジア歴史資料センター（JACAR）が公開している関連文書類一覧」を載せておいたので、その文書一覧表を見ていただくと分かりやすい。

　85年12月4日の井上外務卿が山県内務卿に宛てた親展第42号（28面）の次は94年12月27日の野村靖内務大臣が陸奥宗光外務大臣に宛てた秘別第133号（29面）に飛んでいる。内務省「公文別録」には収められて

いる85年12月5日の山県内務卿の三条太政大臣宛内申が「帝国版図関係雑件」には収められていないのは、外務省にはこの内申が送られていなかったから、ということも分かる。

これらの事実は29面以降が94年12月に内務省が閣議に提出するに際してまとめた文書の、外務省側の保存文書類であることを示している。

30面は「別紙標杭建設に関する件、閣議提出す」という内務大臣の内閣総理大臣宛文書の写しを外務省が保存したものである。

93年11月2日の奈良原繁県知事の甲第111号「久場島魚釣島ヘ本県所轄標杭建設之義に付上申」（31面）の次は、また年代が戻って85年11月5日の西村県令名義の第384号上申（32面）になっており、それに続く形で85年12月5日の井上外務卿・山県内務卿の「目下建設を要せざる儀と可心得事」（33面）が収められている。

この綴じ方は決して出鱈目なものではなく、重要な事実を示している。

奈良原県知事が上申した93年11月2日の「久場島魚釣島ヘ本県所轄標杭建設之義」は、85年11月5日の森大書記官の県令僭称上申を根拠にしていることである。つまり奈良原県知事は85年12月5日の「目下建設を要せざる儀と可心得事」とした外務・内務両卿の指令は85年11月5日の上申に対する回答である、と理解している。そして85年11月5日の県令僭称上申は国標建設に懸念を表明した9月22日の上申伺を「自己批判」し、大東島の例と同じように、国標を建設して構わない、と上申している。しかるに12月5日の外務・内務両卿は「目下、建設を要せざる」との指令を出している。これは納得がいかないので、指令を見直すよう求めているのである。

実際には85年12月5日の指令は11月5日の僭称上申にたいする回答ではない。当時、山県や井上は11月5日の上申を見たこともないことはすでに明らかにした通りである。

西村捨三は土木局長に転出

山県内務卿から国標建設という内命を受けていた案件が、目下建設を要

外務省　帝国版図関係雑件
明治18年　沖縄県久米赤島、久場島、魚釣島ヘ国標建設の件 B03041152300

年	月日	表題	発信者	面
1885	9月21日	久米赤島久場島魚釣島之三島取調書	石沢兵吾五等属	8～12
1885	9月22日	第315号 久米赤島外二島取調の儀に付上申	西村捨三沖縄県令	7
1885	10月9日	官房甲第38号	山県有朋内務卿	4
1885		太政官上申案	山県有朋内務卿	5
1885		手書き文書 不要のコンプリケーション		3
1885	10月21日	親展第38号	井上馨外務卿	13～14
1885	11月2日	魚釣、久場、久米赤島回航報告書	林鶴松出雲丸船長	24～27
1885	11月4日	魚釣島外二島実施取調概略	石沢兵吾県五等属	18～23
1885	11月24日		西村捨三沖縄県令	17
1885	11月30日	秘第218号の2	山県有朋内務卿	15
1885	12月4日	親展第42号	井上馨外務卿	28

以下の文書は1895年1月段階にまとめられたものであり、本来は別綴りとすべきもの

1885	11月5日	第384号魚釣島外二島実地取調の義に付上申	＊西村捨三沖縄県令（森長義が執筆）	32
1885	11月27日	総務局次長白根専一花押文書		37
1885		外務省ヘ御照会案		38
1885	12月5日	書面伺の趣、目下建設を要せざる儀と可心得事	井上馨外務卿 山県有朋内務卿	33
1890	1月13日	甲第1号 無人島久場島魚釣島之義に付伺	丸岡莞爾沖縄県知事	34
1890	2月7日	県沖第6号	末松謙澄内務省県治局長	35
1890	2月26日		丸岡莞爾沖縄県知事	36
1893	11月2日	甲第111号 久場島魚釣島ヘ本県所轄標杭建設之義に付上申	奈良原繁沖縄県知事	31
1894	4月14日	甲69号	江木千之県治局長	47
1894	5月12日	復第153号	奈良原繁沖縄県知事	46
1894	12月27日	内務省秘別133号	江木千之県治局長	44
1894		閣議提出案	野村靖大臣	45

1894	12月27日	秘別第133号	野村靖内務大臣	29
		写 別紙 閣議提出案	野村靖内務大臣	30
1895	1月11日	親展送2号 機密	陸奥宗光外務大臣	39
1895	1月21日	内閣批第16号	伊藤博文内閣総理大臣	43
1895	1月22日		内務省県治局長	41
		右の外附属別紙書類		48
1885	9月21日	石沢沖縄県属より沖縄県令宛久米赤島久場島魚釣島の三島取調書		48
1885	9月22日	沖縄県令より内務卿宛久米赤島外二島取調の義に付上申書		48
1885	10月9日	内務省より外務省への照会案		48
1885		内務卿より太政官への上申案		48
1885	10月	外務卿より内務卿宛		48
1885	11月2日	林出雲丸船長より森沖縄県大書記官への魚釣久場久米赤島回航報告書		48
1885	11月4日	石沢沖縄県属より森沖縄県大書記官への魚釣島外二島巡視取調概略報告書	石沢兵吾	48
1885	11月5日	沖縄県令より内務卿宛第384号		48
1885	11月24日	沖縄県令より外務内務両卿宛		48
1885	11月27日	内務省廻議案		48
1890	1月13日	沖縄県知事より内務大臣宛甲第1号		48
1890	2月7日	末松県治局長より沖縄県知事宛県沖第6号		48
1890	2月26日	沖縄県知事より県治局長宛		48
1893	11月2日	甲第12号 沖縄県知事より内務外務両大臣宛	沖縄県知事	48
		内務大臣より外務大臣へ照会案		48
1895	1月11日	親展送第2号外務大臣より内務大臣宛て		48
1895		別紙閣議提出案		48

せざる、という指令になったことで、懸案が解決したことを確認した西村捨三は、もう一つの案件の解決に取り組む。県の傭船継続経費の確保、八重山所轄内の入表島、与那国島への新規航路の開設、また神戸と那覇との直航便の開設など、政府の財政的補助を求める上申を12月10日に山県内務卿、松方正義大蔵卿宛てに提出し（A03022909900の2～4）、12月17日に那覇に向けて出発する。

西村は86年2月16日に「沖縄県県治上処分に関する件」（A03023064300の11～21）と題した沖縄県の「本県廃置前後より今日に至る迄の士民の行為、思想を列陳し、取締上其処分の方案」を提出する。彼の沖縄県令としての総括ともいうべき内容である。史料27　174頁を参照のこと。

西村県令からの強い要請を受け、山県内務卿が2月26日に沖縄県巡視に出発する。先導役の西村はその前日に那覇に向かう（『官報』794号）。

> 「19年〔1886年〕の春、最早一通りの仕事も終りたれば、内務大臣の巡回を乞ひ、山県公来琉のこととなり。2月中、薩摩丸にて来遊せられたり。琉球の珍敷(めずらしき)観覧物、又、要地、学校等の巡覧もすみ、上家の饗宴などもあり。宮古・八重山島の巡回、続ひて五島、対馬等まで回航せられたり。予も随従して、帰京後、土木局長専務となれり。」
> （西村捨三口述『御祭草紙』）

86年4月27日付けで西村は内務省土木局長に任命され、彼の後任には大迫貞清が沖縄県令に任命される。西村捨三は沖縄県の安定のために貢献したことで、86年10月に特別の表彰を受ける。大迫貞清が県令に着任して間もなく、県知事に職名が変わり、大迫が初代沖縄県知事となる。ついで福原実（87年4月14日～88年9月18日）が知事となるが、いずれも任期一年程度の短命知事であった。三代目の丸岡莞爾（88年9月18日～92年7月20日）、さらに四代目の奈良原繁（92年7月20日～1908年4月6日）になると任期は長くなっている。

三代目丸岡莞爾県知事の頃になるとすでに「琉球処分」から10年近くの歳月が過ぎ、明治政府の近代化政策が徐々に沖縄県にも浸透していくよ

うになっていった。かつての宗主国・清国に依拠して琉球国の復活を図ろうとする「脱清者」の動きは、年を経るごとに弱まっていた。1889年2月の大日本帝国憲法公布に際して、大赦令が出され、「脱清者」であっても沖縄に帰県した場合、不問扱いにすることとした（同年7月4日）。それを受けて丸岡知事は西村県令時代に出されていた旧藩律に基づく特別な措置（明治18年甲第25号、明治19年甲第15号）は「最早存置するの必要無之と被存候」との伺いを出し（1889年7月31日）、9月20日に「脱清者」への特別措置が廃止された。こうして沖縄に明治政権による支配秩序が次第に固められていった。

那覇には11月5日の僭称上申が残っていた

　徳川時代には海禁政策のため、日本人の海外進出は禁じられていたが、明治になって海禁が解かれ、「アホウドリ」の羽毛が巨額の富をもたらすことを知った一部の日本人はその捕獲を目指して積極的に外洋進出するようになった。

　しかも「当時の地図には存在が確認されていない多くの疑存島〔海図にP.D. (Position Doubtful) あるいは E.D. (Existence Doubtful) と記された島々のこと〕が描かれ、それほど遠くない海域に一攫千金の夢を実現し得る無人島があると認識した人々は、競って欧米製地図に記載されていたグランパス島やガンジス島〔いずれも疑存島〕への探検に乗り出した。この無人島獲得競争によって、日本人の海洋への関心が高まり、わが国における大航海時代が出現したと言える」（平岡昭利著『アホウドリと「帝国」日本の拡大 南洋の島々への進出から侵略へ』（明石書店　2012年11月　5頁）

　沖縄にも日本本土、とりわけ九州地方から新天地での一攫千金を求めて事業を起こそうとする人々がやって来ることになった。

　丸岡県知事が90年1月13日に「甲第1号　無人島久場島魚釣島之義に付伺」（B03041152300の34　史料33　189頁）を内務大臣宛てに出したのにはそのような時代背景があった。

「管下八重山群島の内、石垣島に接近せる無人島魚釣島外二島之義に付、18年11月5日第384号伺に対し、同年12月5日付を以て御指令の次第も有之候処、右は無人島なるより、是迄別に所轄をも不相定、其儘に致置候処、昨今に至り水産取締之必要より所轄を被相定度旨、八重山島役所より伺出候次第も有之旁、此際管下八重山島役所々轄に相定度、此段相伺候也」

　丸岡県知事は、魚釣島外二島の無人島はこれまで所轄を定めないままになってきたが、八重山島役所から昨今、水産の取り締まりをする必要が生じているとの訴えが出ており、この際、沖縄県八重山島役所の所轄に定めていただきたい、との伺いを立てる。国標の建設は目下、必要としないという85年12月5日の指令の見直しを彼は求めているのだが、その12月5日の指令とは「18年11月5日第384号伺」に対して出されたものと思っている。しかし「18年11月5日第384号伺」なる文書はそもそも内務省には存在していない。そのため11月5日の第384伺と12月5日付指令とがどのような関係にあるのかを、内務省の担当者は理解できない。

　そこで内務省県治局長の末次謙澄は90年2月7日「県沖第6号」（史料34　189頁）において「18年11月5日御県第384号伺へ対する同年12月5日指令の顛末書、取調上、入用に付、右の写、御廻送有之度、此段及照会候也」と事の経緯を明らかにする必要から「県第384号伺」の写しを送るよう照会する。

　丸岡県知事は「別紙一括書類写」を送付することを2月26日に回答する（36面　史料35　190頁）。

　この丸岡知事の回答はおそらく3月中旬には内務省県治局長のもとに届いたであろう。しかし受理した後の記録が見当たらない。11月5日付け第384号伺（西村捨三沖縄県令名の上申）を読んだ末次謙澄はその文書の信憑性を疑ったはずである。

　なぜか。内務省には85年11月2日の林船長の報告書、11月4日の石沢職員の復命書を添えた西村県令の11月24日付け山県内務卿宛書簡がある。しかも12月5日の「指令」とは西村が11月24日の書簡で「指揮」

を仰いだことへの回答であり、11月24日の書簡の内容を末次県治局長が疑うはずはない。その西村の11月24日の書簡において11月5日の上申伺いについての言及はまったくない。したがって末次県治局長は丸岡県知事が持ち出している11月5日の第384号伺いなるものは西村捨三本人が書いたものではない、と判断したであろう。末次県治局長と丸岡知事との間でこの件に関する文書のやりとりが以後続かなかったのはそのせいと思われる。

丸岡知事の立場から考えてみると……

　それに対して丸岡県知事は、県に副本として保存されている西村県令名義の第384号伺が西村の書いたものではないこと、またそれが西村本人によって破棄されたものであることを知る由もなかった。しかも県には東京に出張中の西村が11月24日に外務卿、内務卿に宛てた書簡の副本は存在していない。この件に関する西村県令名義の文書として沖縄県に存在しているのは9月22日と11月5日の上申だけである。

　9月22日の時点では西村は、久米赤島外二島は清国との関わりがあるものと思われるので、調査はするが、国標建設をすることは懸念せざるを得ない、として指令の再検討を求めていた。しかし10月末の出雲丸の調査復命書などを読んで、西村（ではなく、森大書記官だが）は考えを改めた、と丸岡知事は理解する。

　　　最初、清国と接近するの疑を抱き、何れに属するや否に到りては甚だ不決断の語を添へ上申候得共、今回の復命書に拠れば、勿論貴重の島嶼には無之候得共、地形より論ずるときは即ち我八重山群島の北西にして与那国島より遥に東北に位すれば、本県の所轄と御決定相成可然哉に被考候。果して然（しから）ば大東島の例に倣へ、本県所轄の標札、魚釣島・久場島へ船便、都合を以て建設致可然哉。并に宮古島の南方に有之「イキマ」島及八重山島属波照間島の南に有之南波照間島の有無共、雇船出雲丸の先島航の序を以て探究致可然哉。前顕両条、何分の御指

揮を仰度、此段上申候也。(32面　史料16　159頁)

　9月22日の西村の「優柔不断」ぶりを森が西村に成り代わって「自己批判」し、山県内務卿の内命に完全に迎合し、「本県所轄の標札」の建設と魚釣島・久場島への船便の設置も然るべきかな、と提案している。そのうえ宮古島の南の「イキマ島」、波照間島の南の「南波照間島」(いずれも実際には存在していない、いわゆる「疑存島」)の有無の調査をすることまで提言している。

　9月22日に西村県令が国標建設の内命に対して懸念を表明する上申を出したことを踏まえ、山県内務卿は10月9日に井上外務卿に意見を求めたが、井上からの10月21日の回答は西村県令と同様に、国標建設は差し控えるべきという見解表明であり、この時点で国標建設問題は廃案となった。しかし東京でのこれらのやりとりは沖縄県にはまったく伝えられていないのである。

　このような事実を念頭に入れて、しかも11月5日の「第384号　魚釣島外二島実地取調の義に付上申」が西村捨三県令によって書かれたものと思って読めば、11月5日の上申伺への回答として「書面伺の趣、目下建設を要せざる儀と可心得事」とする12月5日の指令は、県側の意向を無視した指令である、と思うのは至極当然のことである。

　しかも山県からの指示は「書面伺の趣、目下建設を要せざる儀と可心得事」とあるだけ。建設を要しないとする根拠を明示していないだけでなく、目下建設を要しない、ということは、いずれ「目下」ではなくなる時の到来を期待させる書き方である。昨今、八重山島役所から水産取り締りの必要から所轄を定めてほしいとの声が上がってきているのだから、85年12月の指令の見直しを求めてもよいのではなかろうか。丸岡県知事がそのように判断するのも無理からぬところであった。

軍艦「海門」による探検をめぐるやりとり

　丸岡県知事は内務省からの回答を待ったが、いつまで経っても回答は

来なかった。すでに述べた通り、内務省は沖縄県が提出した 85 年 11 月 5 日の「第 384 号伺」そのものの信憑性を疑っているからである。

しかし「第 384 号伺」を本物と思い込んでいる丸岡知事にしてみれば、内務省からの指令見直しの回答が一向に来ないことが不満でならない。そのような時に海軍軍艦が那覇にやって来るとの情報が入ってきた。そこで丸岡知事は海軍大臣に軍艦の活用を提起することを思い立つ。

丸岡知事は明治 25 (1892) 年 1 月 27 日に樺山資紀海軍大臣に宛てて「甲第 16 号　無人島探求等之儀に付上申」(C06090956100 の 34) を提出する。その内容は以下の通り。

　　本県管下に接近せる無人島之儀に付ては、追々其筋江経伺之上、実地を踏査し国標建設取計候分も有之候得共、尚ほ未だ踏査之時機を得ざる島嶼等、併せて別紙之通有之候処、来る 3 月頃、本県近海巡航之軍艦来着可相成哉の風説も有之。果して右様之御詮議等有之儀に候得ば、別紙久米赤島以下島嶼之義は素より本邦版図に編入可相成儀と被存候間、該島之位置、周囲等、特に御探求相成候様致度、此旨上申候也。
　　明治 25 年 1 月 27 日
　　　　　　　　　沖縄県知事　丸岡莞爾
　　海軍大臣子爵　樺山資紀殿
「軍艦海門沖縄群島探検并復命書 (2)」

別紙は「調査未済島嶼之景状概略」というもので、大東島、北大東島、久米赤島、久場島、魚釣島、南風波照間島〔これは「南波照間島」が正しいが、いずれにせよ実際には存在しない疑存島〕、ラサ島〔Rasa これは現在では「沖大東島」という実在の島〕についての概略が書かれている。このうちの久米赤島、久場島、魚釣島に関する丸岡の概略説明 (C06090956100 の 38 〜 39) は以下の通り。

　　「此三島は琉球国領内の積（つもり）に古来相心得居、其位置沖縄県下と清国福

州との間に散在せる無人島にして、其筋〔内務省を指す〕の内命に依り、明治18年10月実地踏査として沖縄県属警部等派遣せしめ、国標建設等の義、同年11月伺出候処、同12月5日、目下建設を要せざる義と可心得旨、外務・内務両卿より指令あり。然るに追々管下人民、漁業の為め渡航候者も有之。是が所轄を定め置ざれば不都合なるを以、八重山島役所の所轄と致度旨、23年1月内務大臣へ伺出、未だ指令を得ず」

この丸岡知事の1月27日付け海軍大臣宛上申にたいする海軍側の具体的な対応はいささか鈍かった。6月24日になって佐世保鎮守府の林司令長官が井上海軍参謀部長に宛てた文書（23〜27）によって本部と現場とのやりとりが見えてくるが、双方とも県知事が求めている無人島への調査には積極的ではない。

大東島だけなら「海門」の派遣は可能だが「魚釣島等をも探見することなれば、特に其訓令ありたし。如何となれば沖縄県知事の上申書に依れば未だ領属も判然せざるものの如き島なればなり」（C06090956100 の24の林司令長官）。しかしすでに海軍大臣が知事に大東島を探索させることを通達しているため、この際は大東島の取り調べを行い、久米赤島以下については「明年春期の季節」に行うということにして対処することにする。「海門」は7月27日に長崎港を抜錨し、ひとまず那覇港に向かう。8月2日に「海門」副長の中尾大尉が県庁に出向き、県書記官の檜垣直枝に面会する。中尾副長は檜垣書記官との協議のなかで、県側の対応に冷淡さを感ずる。

特に大東島に関してはすでに踏査済みなので、県としては特に探検の必要性を感じていないとのこと。中尾副長は丸岡県知事の1月の上申と海軍省の命令との間には齟齬が見受けられると感じたため、翌日、檜垣書記官とともに県属の戸田敏義を「海門」に呼んで1885年からの無人島探検の経緯を説明してもらう。そのやりとりが興味深い事実を明らかにしているので、抜粋して紹介する。

「『ラサ』、南波照間の二島を除き他は既に無人島探検の時期経過せし者の如し。

　然るに本年1月に至り更に無人島探検のことを海軍大臣に具申されたるは抑も何の目的たるや。是まで未だ踏査を遂げ得ざりし『ラサ』島並南波照間島の二島を探検されたしとの主意なるや。或は踏査既済の諸島に於て其の位置、周囲等の精測されたしとの義なるや。今、海軍大臣の命令及鎮守府長の訓令の意を察するに、本県の事実と少しく相齟齬するやの疑あるを以て、仔細の説明を承知したし。

　檜垣書記官答て曰く。本件は専ら旧県令丸岡氏〔「県知事」が正しい。沖縄県知事は92年7月に丸岡莞爾から奈良原繁に替わっている〕の意中に出たるものにして、本官は能く其の意を説明し難し。因て一応退艦の上、旧県令の意見を聞き、何分の次第を確答に陳べんと、一旦退艦せり。後ち戸田属再び来艦。右説明の大意に曰く。

　一　南北大東島は曩既に両回の踏査を遂げ、其の地勢、風土等も細に調査せしを以て、今や探検の必要なし。

　二　本年一月、海軍大臣へ具申の本旨は従前未着手の『ラサ』、南波照間二島の探検に在りて、久米赤島、魚釣島、久場島の三島は先きの踏査不充分の為め、右二島探検の序を以て、今一応探検ありたしとの主意に外ならず。

　三　『ラサ』、南波照間の二島は位置の判明せざるのみならず、其有無さへ確然たらず故に、雇船を以て之を探検するも、到底其効、覚束なし。依て右二島の探検は之を海軍軍艦に依頼せし所以なり。」（「無人島探検報告書」C06090956000の14〜16）

　丸岡県知事が1892年1月27日に海軍大臣に上申した時には、久米赤島以下の島嶼を「本邦版図に編入可相成」のため、それらの島嶼の位置、周囲等の確定をしてもらいたい、とのことであった。しかし8月3日に県職員を通して伝えられた丸岡旧県知事の調査依頼の第一の目的は、これまで未着手であったラサ島、南波照間島の探検にあること。久米赤島、魚釣島、久場島の三島については前回の踏査が不充分であったため、ラサ島、

南波照間島の探検のついでにもう一度探検してもらいたい、とのこと。明らかに「疑存島」の探検を優先させることに変わっていた。
　中尾副長は「ラサ」島以下の諸島に軍艦を派遣する際の県庁の対応を戸田属官に問うが、戸田は書記官の意見として、新任の県知事の所見に従うのみ、と不明確な回答をするしかなかった。やむなく「海門」は翌日、大東島への探検に出航することになる。
　中尾「海門」副長は海軍大臣の命令及び鎮守府長官の訓令に従って明日（8月4日）、大東島への調査に行くことを伝える。彼自身はすでに二回も踏査している南北大東島を再度探検することは不要ではなかろうか、と内心思っているが、訓令があるため、それに従わざるを得ないのである。
　なお、大東島へはすでに二回踏査を行っている、と沖縄県側が認識しているのは、1885年8月末に実施した第一回目の調査と国標建設の他に、「昨年（1891年）、北米合衆国商船難破に付、為救助、本県属警部等汽船大有丸に為乗組、該島江派遣せしめたる節、国標の文字消滅せしを以、改標を建設せしめたり」（C06090956100の37～38）という丸岡知事の概略説明に依るものである。沖縄県からすれば大東島については調査の必要なし、と思うのは当然と言えよう。
　しかし結局「海門」が実際に探検したのは県が探検の必要性を認めなかった南北大東島と外一島（ラサ島）であって、その他の島嶼は所在すると推定されている位置も異なっており、短期間に実施できるものではない。「来春好時候を俟て着手せらるる方、得策なり」となった。しかし実際にはその後、海軍による久米赤島、久場島、魚釣島への探検は着手されなかった。

奈良原知事も指令見直しを求める

　前述した通り、92年7月20日に県知事は丸岡莞爾から奈良原繁に替わる。軍艦「海門」による南北大東島外一島〔ラサ島（沖大東島）〕探検に関する報告書は9月23日付で奈良原県知事宛に発せられる。ラサ島の実在が確認できたのは収穫と言えよう。残る久米赤島、久場島、魚釣島、そし

て存在の有無すら定かでない南波照間島への調査を海軍側は翌春（93年春）の好時候に実施するはずであった。しかしいくら待っても海軍からの調査実施の報告は届かなかった。

奈良原県知事は93年4月1日に東京に出向く。翌2日に海軍大臣西郷従道宛に「着京御届」を出し「御用有之4月1日着京致候。依て宿所付相添へ、此段御届申上候也」（沖縄県知事奈良原繁着京届　C10125344300）として麹町区飯田町3丁目13番地が宿所付であることを告げている。西郷、奈良原いずれも薩摩藩の出身、旧知の間柄なので、奈良原の東京滞在中におそらく面会する機会があったであろう。その際にまだ実施されていない南波照間島の有無の調査や魚釣島等の再調査について話し合われたのかどうかは判らない。海軍がそれらの島嶼を調査したとの記録を筆者は見ていない。おそらく海軍は実施しなかったと思われる。

奈良原知事は93年11月2日、内務大臣井上馨、外務大臣陸奥宗光に宛て「甲第111号　久場島魚釣島へ本県所轄標杭建設之義に付上申」（B03041152300の31　史料36　190頁）と題する上申書を提出する。ただし「甲第111号」というのは外務省が付けた文書番号で、内務省では「秘別第34号」という番号で保存されていたと思われるが、内務省に記録されたはずの文書（副本）を筆者はまだ探し当てていない。

　　「本県下八重山群島の北西に位せる無人島、久場島・魚釣島之義、本県所轄とし、大東島の例に倣い、本県所轄の標杭建設致度儀に付、去る18年11月5日、第384号を以て上申仕候処、同年12月5日付を以て、目下建設を要せざる儀と可相心得旨、御指令相成候処、近来該島へ向け漁業等を試みる者有之。取締上にも関係不尠義に付、去る18年鏤々上申仕候通、本県の所轄とし、其目標建設仕度候条、至急仰御指揮度、曩きの上申書及御指令写相添へ、此段重て上申候也」

奈良原知事も1885年11月5日の森大書記官が西村県令を借称して書いた上申を本物と思い込んでおり、同年12月5日に出された外務卿、内務卿連名の指令はそれにたいする回答と見做している。したがって指令内

容に不満を覚えざるを得ない。彼の指令見直しを求める上申は丸岡知事による見直し要請が無視されたことを引き継いでの再度の上申であり、しかも具体的に同島での漁業等の開拓を求める要請を受けたものであるため、丸岡のそれよりも強い調子のものとなっている。たび重なる上申に対して何も反応を示してくれない中央政府の対応への不満が募っていたのだろう。

時の内務大臣は明治18年12月5日に山県有朋と連名で「書面伺いの趣、目下建設を要せざる儀と可心得事」という指令を出した井上馨その人である。彼は同年10月21日に山県内務卿に「国標を建て開拓等に着手するは、他日の機会に譲候方、可然存候」という親展書簡を出して、国標建設に前のめりになっている山県の動きにブレーキをかけていた。

奈良原県知事からの上申を受理した後の内務省内部のやりとりを記録した文書を見ることはできないが、県知事からの上申を具体的に扱う内務省県治局長の江木千之も、上司である井上内務大臣が処理した案件であることを承知しているので、特に慎重に対応するよう心がけたはずである。江木はしばらく回答を留保し、5ヶ月ほど経った94年4月14日に照会案を作成する。われわれが今日見ることのできるのは外務省が保存しているもので、「甲69号」という文書番号が付けられている。

この照会案は沖縄県から出された「久場島、魚釣島へ所轄標杭建設の義に付上申」に対し「右案一応照会可然歟、仰裁」とし、「追て本件は別紙の通り、明治18年中、伺出候得共、清国に交渉するを以て、外務省と御協議の末、建設を要せざる旨、指令相成、併せて太政官にも内申相成候件に有之候」と記している。つまり、清国と関連するデリケートな問題であるため、外務省と協議した結果、建設しないことにした、という経緯を紹介したうえで、以下の照会案を内務省県治局長名で沖縄県知事宛て親展を出すことを提案する。（B03041152300の47　史料37　191頁）（図18）

「客年11月2日付を以て久場島、魚釣島へ所轄標杭建設の義、上申相成候処、左の件承知致度
　一　該島港湾の形状
　一　物産及土地開拓見込の有無

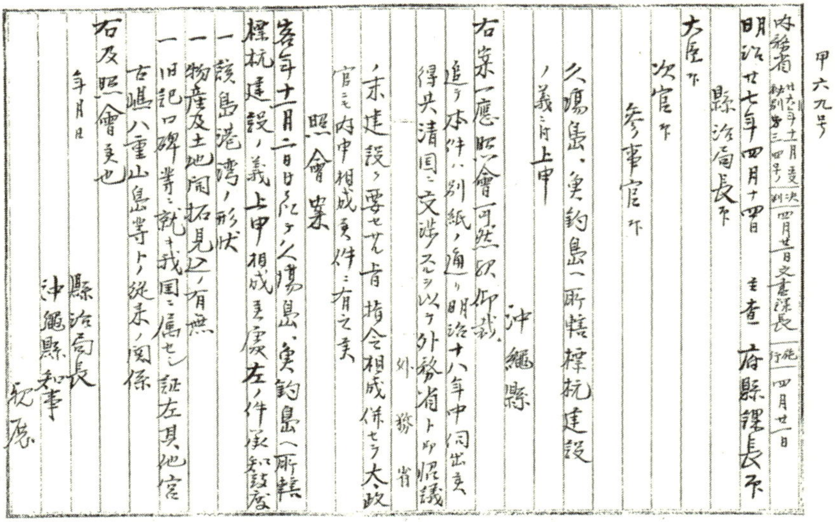

```
甲六九号
内務省　明治廿七年四月十三日支次　四月廿一日文書課長
明治廿七年四月十四日　主査　府縣課長下
縣治局長下
大臣下
次官下
参事官下
　　　　　　沖繩縣
久場島・魚釣島ノ所轄標杭建設
ノ義ニ付上申
右業ノ儀照會候處別紙ノ通然ルヘキ旨
追テ本件ハ別紙ノ通リ明治十八年中同出先
得共清国トノ交渉ニ付以テ外務省ト御協議
官ニ内相成度　仍テ相成候條此段大政
照會案
客年十一月二日付ヲ以テ久場島・魚釣島ノ所轄
標杭建設ノ義上申有之候處左ノ件柄相知度候
一　該島ノ港湾ノ形状
一　物産及土地開拓見込ノ有無
一　旧記口碑等ニ就キ我国ニ属セシ証左其他宮
古嶋・八重山島等トノ従来ノ関係
右及照會也
年月日
縣治局長
沖繩縣知事殿
```

図18　1894年4月14日　江木千之の奈良原知事宛照会案

　一　旧記口碑等に就き、我国に属せし証左、其他宮古島、八重山島等との従来の関係
　　　右及照会候也」

　江木県治局長はこの照会案を作成するに際して、上司である井上馨内務大臣に指示を仰いでいる。85年の指令を見直すには、当時その指令を発した張本人である井上馨の見解を無視することはありえない。井上馨にしても「我国に属せし証左、其他宮古島、八重山島等との従来の関係」について、予想される清国からの反応に対処できる新たに掌握した根拠が提示されるのであれば、指示の見直しを検討してもよいと考えていたであろう。
　この4月14日付け照会（4月21日施行）を受けて、奈良原県知事は5月12日、内務省県治局長宛に以下の通り回答する。この文書もいまわれわれが目にすることができるのは外務省に保存されたもので、そこには「県処治秘　第12号ノ内」という内務省の文書番号が枠外に記されている。（B03041152300の46　史料38　192頁）（図19）

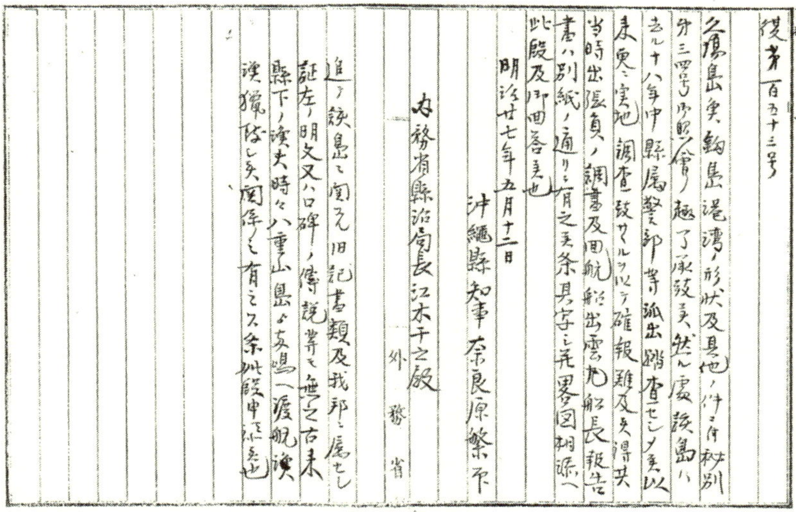
復第百五十三号
久場島魚釣島港湾ノ形状及其他ノ件ニ付秘別
第三四号御照会ノ趣了承致候然ル処該島ハ
去ル十八年中県属警部等派出踏査セシメ候以
来更ニ実地調査致サヽルヲ以テ確報難及候得共
当時出張員ノ調書及回航船出雲丸船長報告
書ハ別紙ノ通リニ有之候条其写ニ并略図相添ヘ
此段及御回答候也
明治廿七年五月十二日
沖縄県知事奈良原繁 印
内務省県治局長江木千之殿
外務省
追テ該島ニ関スル旧記書類及我邦ニ属セシ
証左ノ明文又ハ口碑ノ傳説等モ無之古来
県下ノ漁夫時々八重山島ヨリ両島ヘ渡航漁
猟致シ候関係ノミ有之候条此段申添候也

図 19　1894 年 5 月 12 日　奈良原県知事の回答

「復第 153 号

久場島、魚釣島港湾の形状及其他の件に付、秘別第 34 号御照会の趣、了承致候。然る処、該島は去る 18 年中、県属警部等派出踏査せしめ候以来、更に実地調査致さざるを以て、確報難及候得共、当時出張員の調書及回航船出雲丸船長報告書は別紙の通りに有之候条、其写し并略図相添へ、此段及御回答候也。

明治 27 年 5 月 12 日

沖縄県知事　奈良原繁　印

内務省県治局長　江木千之殿

追て該島に関する旧記書類及我邦に属せし証左の明文又は口碑の伝説等も無之。古来、県下の漁夫、時々八重山島より両島へ渡航、漁猟致し候関係のみ有之候条、此段申添候也」

奈良原県知事の回答で明らかになったことは、85 年 10 月に石沢兵吾等が行ったわずか 6 時間足らずの、しかも魚釣島だけしか実施しなかった

調査以降、実地調査は行われなかったこと、海軍軍艦「海門」による探検についてもまったく言及がないので、実施されなかったことが判る。したがって港湾の形状や物産および土地開拓の見込の有無について、沖縄県は新たな報告を提出できない。

しかもこれらの島に関する旧記書類および我邦（日本国）に属することを証明する明文または伝聞も存在していない。ただ八重山から漁民が時々漁に出かけることがあることを指摘するだけである。

これが沖縄県知事としての内務省にたいする正式回答である。このような回答では85年12月5日の指令を変更できるはずがない。

軍艦「金剛」による実地調査はなかった

再び現在の世界に戻る。外務省のＨＰのQ&Aに以下のようなやりとりが載っている。http://www.mofa.go.jp/mofaj/area/senkaku/qa_1010.html#q9

Ｑ９　1895年に尖閣諸島を日本の領土に編入するに当たり、十分な調査が尽くされなかったのではないですか。

Ａ９　尖閣諸島は、1885年から日本政府が沖縄県当局を通ずる等の方法により再三にわたり現地調査を行い、単に尖閣諸島が無人島であるだけでなく、清国の支配が及んでいる痕跡がないことを慎重に確認した上で、1895年1月14日に現地に標杭を建設する旨の閣議決定を行って、正式に日本の領土に編入したものです。

その後に【参考】として２件の「事実」を紹介している。分かりやすくするために段落を加えて表示する。内容についての変更はしていない。

「日清戦争前における我が国の領土編入準備に関するその他の主要な関連事実としては、
（１）1885年9月22日及び同年11月5日付の沖縄県令の内務大臣

宛上申書によれば、沖縄県は内務省の命令により、尖閣諸島の調査を行い、特に同年10月下旬には日本郵船の出雲丸をチャーターして尖閣諸島の巡視取調を実施し報告書を政府に提出しているということ
　（2）1887年の軍艦「金剛」の発着記録によれば、同艦は水路部測量班長・加藤海軍大尉を乗船させ、同年6月に那覇から先島群島（尖閣諸島方面）に向かっており、また、『日本水路誌』（1894年刊）等には1887年及び1888年の加藤大尉の実験筆記（実地調査に基づく記録）に基づくものとして魚釣島等の概況が記載されていることが挙げられる。」

　この【参考】の（1）についてはすでに何度も紹介している通り、「尖閣諸島」の調査は不充分な調査（1885年10月30日に魚釣島だけを、しかも多めに見ても6時間のみ）にすぎなかった。同じ時期に実施した大東島の調査の場合には南北の大東島にそれぞれ1日の時間を費やすと同時に国標を建設したが、魚釣島に関しては内務卿からは調査と同時に国標建設を命じられていたにも関わらず、沖縄県は不十分な調査を行うだけで国標の建設をしなかった。
　1885年10月30日の不充分な調査以降、調査が行われていないことはすでに本文で明らかにした通りである。
　たとえば丸岡知事が海軍大臣に「南波照間島」という疑存島の調査のついでに久米赤島、久場島、魚釣島への調査も行ってほしいと上申したことはあったが、実際には軍艦「海門」は調査をしなかった。外務省は彼らにとって不都合と判断される事実は隠蔽している。
　しかしもっと悪質なのは（2）の記載である。（2）では
（a）1887年6月に水路部測量班長・加藤海軍大尉を乗船させた軍艦「金剛」は那覇から先島群島（尖閣諸島方面）に向かっていること
（b）『日本水路誌』（1894年刊）等には1887年及び1888年の加藤大尉の実験筆記（実地調査に基づく記録）に基づく魚釣島等の概況が記載されていること
を根拠として挙げている。

「先島群島」(尖閣諸島方面)に向った、軍艦「金剛」に乗船した加藤大尉が1887年及び1888年に記した実験筆記には魚釣島等の概況が『日本水路誌』に記載されている、という記述をそのまま受け取ると、あたかも加藤大尉は魚釣島等の実地調査を行ったかのようである。

本当に加藤は実地調査を行ったのだろうか。国立国会図書館には明治27年7月刊行の『日本水路誌』第二巻が水路部からの寄贈本として保存されている。「国立国会図書館デジタルコレクション」で公開されているので、誰もが容易にそれを見ることができる。

http://dl.ndl.go.jp/info:ndljp/pid/847180

その序は横尾水路部長が書いており、「先島群島は明治20及21年海軍大尉加藤重成の実験筆記より取る」とあるので、1887年と88年に加藤大

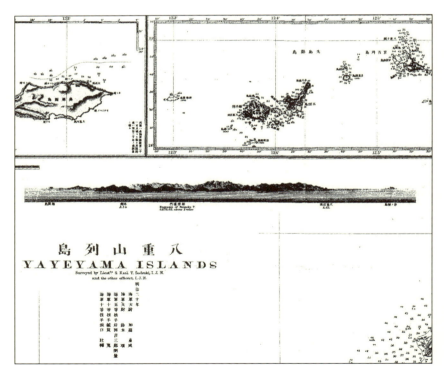

図20 1889年9月22日 水路部 海図223号(部分)

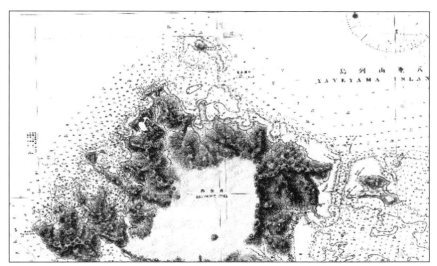

図21　水路部海図223号　西表島の部分

尉が「先島群島」の実験筆記をしたことは間違いない。八重山列島の調査は明治20年に、宮古列島は明治21年に実施され、明治22年9月22日に水路部から地図として刊行されている。海図番号は223号である（図20）。

　そもそも水路部の調査目的は船舶の航行に必要な水深、潮流などの情報を集めることにあり、陸地についてはただ海上から見える地形を記録するのであって、上陸しての調査は行わない。八重山列島の西表島の部分を見れば明らかな通り、島の内部は空白になっている（図21）。

　水路部が実験筆記を行った地域は『日本水路誌』第二巻の地図に囲みを付けて示している。「先島群島」の部分は第13コマに掲載されている。先島群島には四角い囲みがあるが、「尖閣諸島」については何もない。「先島群島」の後ろに関係のない（尖閣諸島方面）という語を付け加え、あたかも尖閣諸島方面まで調査をしたかのように誤解させようとしているのだ。実に卑劣、かつ稚拙なやり方である（図22）。

『日本水路誌』第2巻の205コマ（345頁）と206コマ（346頁）には「ラレー岩」（久米赤島　赤尾嶼）、「ホアピンス島（魚釣島　釣魚島）」、

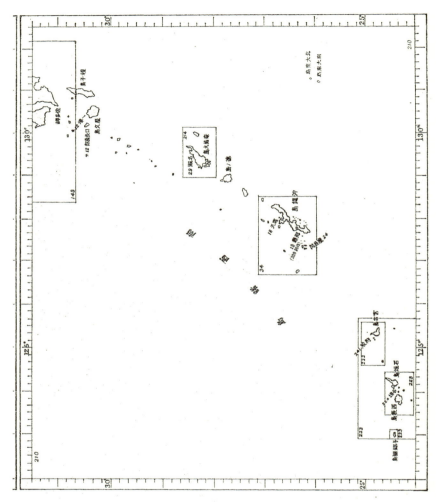

図22　1894年7月　日本水路誌二巻13コマ

各地經緯度及潮表

原午子線 ｛△符ハ東京天文臺東經 139°44′30″
　　　　 ｛○符ハ長崎身投角東經 129°51′13″

國名	地名	位置	原午子線	測量年號	北緯	東經	潮信 朔望高潮	大潮升	小潮升	小潮差
							時 分	呎	呎	呎
[illegible]	南端	[illegible]		仝	——	——	5 57	6	4	
九州東岸										
豐後	米水津灣	石鎚山	△	仝十七年	32° 52′ 28″	131° 58′ 19″	6 8	6	4¼	2¼
仝	猪ノ串港	鹽形島々頂	△	仝	32 46 11	131 54 24	6 8	5½	4¼	2¾
日向	細島	米ノ山	△	仝	32 25 3	131 30 16	6 7	6¾	5	2
仝	油津	油津松ヶ鼻	△	仝	31 34 57	131 24 00	6 5	6½	4¼	2½
大隅	佐多岬	燈臺	概位		30 59 30	130 39 30				
南西諸島										
大隅	屋久島	一湊河口沙濱	概位	仝 六年	30 26 30	130 13 00	6 27	5		
仝	口永良部島	灣頭沙濱	概位	仝	30 28 00	130 12 00	7 16	5½		
奄美大島	サンドン列岩	——	概位		28 45 00	129 47 30				
仝	トンキラ岩	——	概位	仝十九年	28 32 38	129 43 59				
仝	中ノ瀬	——	概位	仝	28 19 18	129 35 49				
仝	笠利灣	立神岩	○	仝	28 28 18	129 39 14	6 14	5½	3½	2½
仝	名瀬港	港底西岸沙濱	概位	仝 六年	28 23 10	129 29 56	7 6	6¾		
仝	燒内	田検川口	○	仝十九年	28 17 6	129 17 48	7 16	7	4½	2
仝	大島海峽	久慈灣頭沙濱	○	仝廿一年	28 13 57	129 15 28	6 53	7½	5¼	1¼
仝	仝	徳小島頂上	○	仝	28 8 54	129 16 54				
仝	加計呂麻島	伊古茂灣西角頂	概位	仝十九年	28 40 47	129 13 36	7 15	7½	5	2¼
仝	喜界島	平家盛塚	概位	仝廿一年	28 40 35	130 00 17				
仝	仝	南角附近オカメ	概位	仝	28 14 43	129 53 43				
沖繩島	運天港	屋我地島北岸	○	仝 六年	26 40 30	128 00 53	6 27	4		
仝	那覇港	三重城常夜燈	○	自仝六年 至仝廿六年	26 13 38	127 40 33	7	7¼	4¾	2
慶良間島	阿護浦	東岸	○	仝 六年	26 13 54	127 20 3	6 43	5¼	4	
大東島	南大東島	東岸中央突出部		仝廿五年	25 49 48	131 14 42				
ラサ島	——	——	概位	仝 九年	24 28	131 26				
宮古島	漲水錨地	平良海岸	那覇	仝廿一年	24 48 18	125 17 52	7 41	6¾	4½	2
石垣島	石垣泊地	美崎泊海岸	那覇	仝二十年	24 19 51	124 0 28	7 13	6¼	3½	1
西表島	船浮港	木成屋埼	那覇	仝	24 20 13	123 44 27	7 32	6½	3	1½
沖ノ神島		頂上	概位	仝	24 11 23	123 33 43				
多良間島		頂上	概位	仝	24 39 55	124 41 32				
與那國島		頂上	概位		24 26 50	123 00 21				

二

図 23　各地経緯度及潮表　208 コマ

> 年海軍大佐(後少將柳楢悦大島ハ明治十九年海軍大尉(現今少佐)加藤重成沖
> 繩島南部ハ明治廿六年海軍大尉三浦重郷先島群島ハ明治廿及廿一年海軍大
> 尉加藤重成ノ實驗筆記ヨリ取ル
> 以上列記セルモノ、外ハ總テ一千八百八十四年改正英國水路部編纂支那海
> 水路誌第四卷及明治廿七年五月迄ノ内外諸報告ヨリ取ル
> 本書中謬誤ヲ發見スルカ又ハ發行後改補ニ必要ナル實驗ヲ爲シタル者ハ時
> ヲ移サス水路部ニ報告アランコトヲ希望ス
>
> 明治廿七年六月十五日
>
> 水路部長海軍大佐横尾道昱

図24　日本水路誌二巻「序」

「ピンナクル諸嶼」、「チアウス島（久場島　黄尾嶼）」についての記述があるので、確かに加藤大尉は尖閣諸島をも実際に調査したかのように見える。
　しかし同書には続いて軍艦「金剛」が実施した主要観測地点の地名、位置、測量年号などを一覧表にした「各地経緯度及潮表」が掲載されており、「南西諸島」では石垣島の石垣泊地、西表島の船浮港、宮古島と石垣島の中間に位置する多良間島、台湾に最も近い与那国島（いずれも1887年の調査）、宮古島の狩股錨地などでの測量記録は載っているが、「ラレー岩」、

「ホアピンス島」、「ピンナクル諸嶼」、「チアウス島」についてはまったく記録がない（208コマ）（図23）。

この謎は『日本水路誌』における横尾水路部長の「序」の続きにはっきり理由が書かれている。

「以上列記せるものの外は総て1884年改正英国水路部編纂支那海水路誌第四巻及明治27年5月迄の内外諸報告より取る」（図24）

つまり「ラレー岩」「ホアピンス島」「ピンナクル諸嶼」「チアウス島」の情報は英国水路部の情報に基づいているのであって、「金剛」の実地調査によるものではない。だから「久米赤島」等、日本側が当時使用していた呼称を用いていないことも理解できよう。

外務省は明らかにウソをついている。このようなウソをわれわれが見抜けないとでも思っているのだろうか。

第5章　戦勝に乗じた領有行為

日清戦争における日本の圧勝

　これまで紹介したことから明らかな通り、1885年10月30日に多く見積もっても6時間程度、しかも魚釣島のみへの不十分な調査を行っただけで、それ以降、沖縄本島西方に散在する無人島への具体的な調査は実施しなかった。

　94年5月12日に奈良原県知事が江木千之内務省県治局長に提出したのは85年10月の出雲丸による調査を行った時の報告であり、それは85年11月の時点ですでに内務省に提出されていた。その時以降、新たな調査は行われていなかったので、その報告しか出せなかったのだ。85年12月5日の指令を見直すに値する新たな根拠を沖縄県は持ち合わせていないことがはっきりした。これでは内務省としては動きようがない。

　94年半ばになると日本と清国との関係は、朝鮮をめぐって緊張していた。小さな無人島の問題で清国との間で「不要なコンプリケーション」を引き起こしてはならない。奈良原県知事の上申は棚上げにして、しばらく様子を見ることにしたのであろう。92年8月8日から内務大臣であった井上馨に替わって野村靖が94年10月15日から内務大臣になった。内務大臣の交替が一定の影響を与えたのかもしれない。

　しかし最大の要因は別のところにあった。同年7月末から始まった清国との戦争で、すでに日本軍は9月の段階で連戦連勝の局面を作り出していた。

　実は清国に対して日本は、戦場における軍事的勝利だけでなく情報の掌握という点でも圧倒的優勢を占めていた。時の外務大臣・陸奥宗光の回顧

録　新訂『蹇々録(けんけん)録』(岩波文庫)に校注を加えた中塚明は「実は日清戦争のとき、清国政府と駐日清国公使館および滞日中の清国講和使節との間の電報は、開戦前から日本政府によって解読されていて、もちろん陸奥は一言一句その内容を熟知していた」(378頁)と指摘している。

　清国側の交信内容を解読できていた日本政府にとって、清国政府の手の内はすべてお見通しであった。11月になると清国は欧米各国を通じて講和を提起してきた。しかし清国側が出してきた朝鮮の「独立」の承認と賠償金の支払いという講和条件に日本側は満足するはずがなく、「割地」すなわち領土の獲得、具体的には遼東半島と台湾の取得を目標に定めていた。ただしその要求を早い段階から対外的に明らかにすれば、清国はそれを阻止するために、列強に日本の野望を情報として流す。列強はそれ自身の利害から出発して、仲介、調停を口実に介入して来る恐れがある。そのような事態を防ぐために、日本側は自身の講和条件を明示せず、清国が無条件で講和を呑むしかない状況を作り出し、そこに追い込む作戦に出た。

　1894年12月26日、陸奥宗光外務大臣は東京、北京にある米国公使を経由して清国側に以下の電文照会を行う。

　　「日本政府は清国政府の任命せる2名の全権委員と和議を締結すべき全権を帯有する全権委員を任命すべし。日本政府は広島を以て全権委員会合の地と選定す。清国全権委員が広島に到着後48時間以内において両国全権委員会合を開くべし。なお会合の時日および場所は清国の全権委員の広島に到着後速やかに通牒(つうちょう)すべし。清国政府はその全権委員が本国発程の期日および広島に到着すべき予定の期日を速やかに日本政府に電告すべし。而して日本政府において縦令(たとい)休戦を承諾する場合ありとするも、休戦の条件は両国全権委員会合の上に非ざればこれを明言するの限りにあらず」(新訂『蹇々録』岩波文庫　222～223頁)

1885年当時と何が異なるのか

　戦争での圧勝が確実になったので、もはや清国の対応を懸念する必要はなくなった。内務省はそれまで棚上げにしてきた沖縄県からの「久場島魚釣島ヘ所轄標杭建設之義上申」の閣議提出に向け動き始める。棚上げにしていた93年11月2日付けの奈良原繁沖縄県知事から井上馨内務大臣（当時）と陸奥宗光外務大臣宛に出されていた「甲第111号　久場島魚釣島ヘ所轄標杭建設之義上申」（B03041152300の31　史料36　190頁）を取り出し、閣議に付すための作業を12月15日から開始し、12月27日に閣議提出案を決定する。

　　「内務省27年12月17日秘別133号　決判　12月27日　文書課長
　　施行　12月27日
　　　明治27年12月15日　　　主査　府県課長　印
　　　　県治局長　印
　　　大臣　印
　　　次官　印
　　　　　参事官　印
　　　　　庶務局長　印
　　　　久場島魚釣島ヘ所轄標杭建設之義上申
　　　　　　　　　　　　沖縄県
　　本件に関しては別紙の通、明治18年中伺出候共、清国に交渉するを以て、外務省と御協議の末、建設を要せざる旨、指令相成、其旨、太政官にも内申相成候処、其当時と今日とは大に事情を異に致候に付、標杭建設の義、御聞届の積りを以て、左案相伺候

　　（本文魚釣島・久場島に関する地理の沿革等、遂調査候得共、何分其要綱を得ず。海軍省水路部210号地図の八重山島の東北方、和平山及鈎〔釣〕魚島の二島は右に該当するものの如し。而して同部員の口陳に依れば、右二島は別に従来何れの領土とも定まらざる趣に有之。

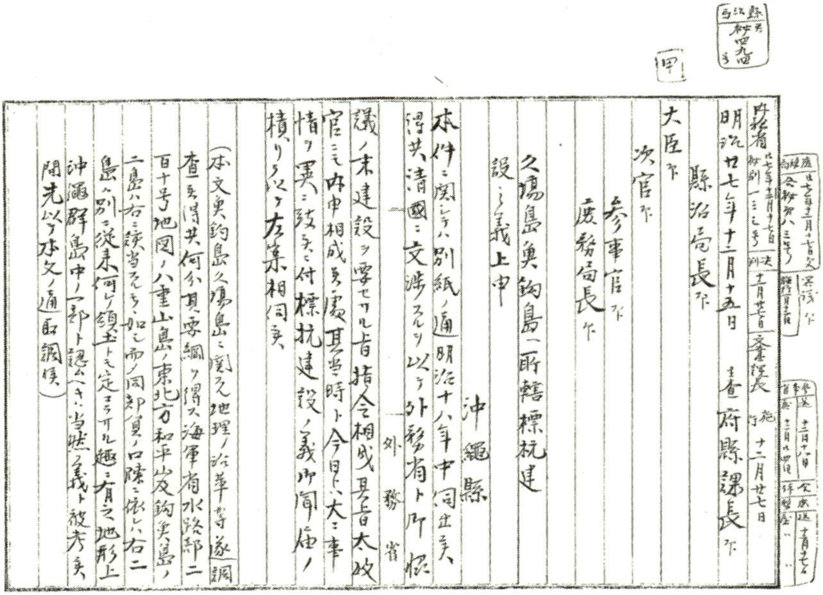

外務省 秘別一三三号

明治廿七年十二月十五日　主査府県課長

大臣　次官　県治局長　参事官　庶務局長

久場島魚釣島ヘ所轄標杭建設之義上申　沖縄県

本件ニ関シテハ別紙ノ通明治十八年中同県ヨリ伺出候得共、清国ニ交渉スルヲ以テ外務省ト協議ノ末建設ヲ要セサル旨指令相成、且太政官ニモ内申相成候処、其当時ト今日トハ大ニ事情ヲ異ニ致シ候ニ付標杭建設ノ義御聞届ノ積リヲ以テ左案相伺候

（本文魚釣島久場島ニ関スル地理ノ沿革等遂調査候得共何分其要綱ヲ得ス海軍省水路部二百十号地図ノ八重山島ノ東北方和平山及釣魚島ノ二島ハ右ニ該当スル如シ而シテ同部員ノ口陳ニ依レハ右二島ハ別ニ従来何レノ領土トモ定マラサル趣ニ有之地形上沖縄群島中ノ一部ト認ムヘキハ当然ノ義ト被考候間先以テ本文ノ通取調候）

図 25　1884 年 12 月 27 日　秘別 133 号

地形上沖縄群島中の一部と認むべきは当然の義と被考候間、先以て本文の通取調候）

（B03041152300 の 44　史料 39　193 頁）（図 25）

閣議提出案への添え書きに注目する必要がある。

「本文魚釣島・久場島に関する地理の沿革等、遂調査候得共、何分其要綱を得ず」と魚釣島、久場島に関する情報は相変わらず要領を得ないままであることを明記している。

この添え書きに出てくる「海軍省水路部 210 号地図」とは「長崎至厦門」と題された海図のことで、われわれは東北大学附属図書館／理学部地理学教室の「外邦図デジタルアーカイブ」によって、210 号海図を確認することができる（図 26）。

http://chiri.es.tohoku.ac.jp/~gaihozu/ghz-dtl.php?lang=en-US&fm=l&ghzno=KY011027

ただしここに示している海図 210 号は京都大学所蔵のもので、明治 30

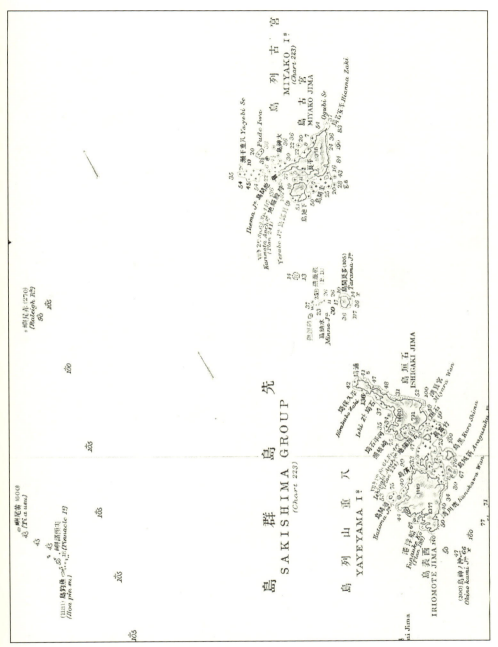

図26　海図210号「長崎至厦門」の部分

第5章　戦勝に乗じた領有行為 …… 111

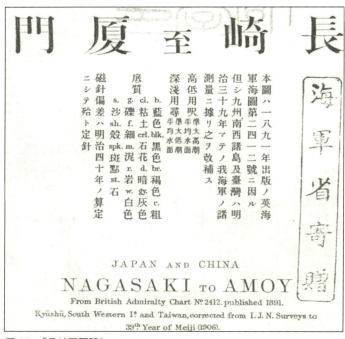

図27 「長崎至厦門」

年3月29日に水路部刊行との記載がある。この刊行日付には疑問が残る。海図210号「長崎至厦門」には「本図は1891年出版の英海軍海図第2412号に因る。但し九州、南西諸島及台湾は明治39年までの我海軍の諸測量に據り之を改補す」「磁針偏差は明治40年の算定にして殆ど定針」とある。したがって本書で筆者が紹介する地図の刊行年は明治40（1907）年以降とすべきであろう（図27）。

　京都大学にある海図210号（暫定的に1907年発行としておく）には「魚釣島」〔Hoa pin su〕、「黄尾嶼」〔Tia u su〕とともに「尖頭諸嶼」〔Pinnacle I.s〕、「赤尾嶼」〔Raleigh R.k〕が記載されている。

　水路部部員は「210号地図の八重山島の東北方、和平山及鈎〔釣の誤記〕魚島の二島は右に該当するものの如し」と述べている。しかし210号地図を見れば「八重山島の東北方」に位置するのは赤尾嶼〔Raleigh R.k〕で

あって、それは「久米赤島」のことである。魚釣島、久場島のことを問題にしているのだから「八重山島の北方」とすべきであり、方角を間違えている。「和平山及釣魚島」と書いているが、海図210号では「魚釣島」をHoa pin su、黄尾嶼をTia u suに相当するものと表記している。Hoa pin suは「花瓶嶼」の英字表記、Tia u suは「釣魚嶼」の英字表記であり、実際の「花瓶嶼」は「釣魚嶼」より西に位置している。英国海軍海図のミスが改められることなく日本の海軍水路部作成の海図にも引き継がれているのである。

　Hoa pin suはその後「和平山」と表記されることもあり、後に発生する「魚釣島」を「和平山」あるいは「和洋島」と表記する混乱も、英国海軍海図のミスに由来している。「黄尾嶼」をTia u suと表記しているのも、本来は「釣魚嶼」の英字表記であったのが、「釣魚嶼」をHoa pin suと記載したことから、「黄尾嶼」の表記にズレが生じてTia u suになってしまったのである。1885年11月4日に石沢兵吾が県令代理の森長義に提出した「復命書」においても同じ記述になっている。これらの事実から明らかなことは、海軍水路部発行の「海図210号」においてすら、英国海軍海図に依拠しているのであって、日本自身が調査した地図を有していなかったことである。

　海軍省水路部員は「右二島は別に従来何れの領土とも定まらざる趣に有之。地形上、沖縄群島中の一部と認むべきは当然の義」との見解を表明している。しかし海図には「黄尾嶼」、「赤尾嶼」など中国語の島名が載っているのだから、清国と関わりのある島嶼と思うのが当然である。だが彼らの対応には清国にたいする配慮はもはや見受けられない。

　明治18年においては、内務省は国標建設について「清国に交渉する〔関わりがある、という意味〕」という配慮から、外務省と協議して「建設を要せざる」という指令を沖縄県に出していたが、いまや「其当時〔85年12月〕と今日〔94年12月〕とは大いに事情を異に致しそうろう」とのこと。

　ここでいう其当時（85年）と今日（94年）で事情が大いに異なる、というのはこれら無人島に関して日本が領有を主張するに足る根拠が見つかったということではない。清国との戦争において日本は決定的勝利を収

めており、もはや清国の対応に配慮する必要はない、ということに他ならない。

そこで内務省は以下の通りの閣議提出案を作成して外務大臣宛に出して意見を伺うことにする。

閣議提出案
別紙標杭建設に関する件閣議提出す
　　年　　月　　日　　　　大臣
　　　　総理大臣宛

（別紙）
　沖縄県下八重山群島の北西に位する久場島・魚釣島は従来無人島なれども、近来に至り該島へ向け漁業等を試むる者有之。之れが取締を要するを以て全県の所轄とし、標杭建設致度旨、同県知事より上申の通り、標杭を建設せしめんとす。
　右閣議を請ふ」（B03041152300の45　史料39　193頁）

内務大臣野村靖はこの閣議提出案は1885年12月の外務・内務両卿名による指令の見直しにあたるので、12月27日に外務大臣陸奥宗光に以下の通りの問い合わせをする。

「秘別第133号
　久場島魚釣島へ所轄標杭建設の義、別紙甲号之通り、沖縄県知事より上申候処、本件に関して別紙乙号の通り、明治18年中、貴省と御協議の末、指令及びたる次第も有之候得共、其当時と今日とは事情も相異候に付、別紙閣議提出の見込に有之候条、一応及御協議候也
　　追て御回答の節、別紙御返戻有之度候也
　　明治27年12月27日
　　　内務大臣子爵　野村靖

外務大臣子爵　陸奥宗光殿」(B03041152300 の 29　史料 40　194 頁)

　この文書に出てくる「別紙甲号」とは 93 年 11 月 2 日付け奈良原繁沖縄県知事の甲第 111 号文書 (31) を、「別紙乙号」とは 85 年 11 月 27 日の「無人島国標建設の義に付伺」という文書 (37) を指す。この別紙乙号の最後に「書面伺の趣、目下建設要せざる義と可心得事」と外務卿、内務卿連名になる「御指令案」が書かれている。この甲号 (31) から乙号 (37) の間にある 5 件の文書は 1885 年以来の沖縄県と明治政府とのやりとりの経緯を示す資料として閣議提案用にまとめられたものである。

　その 32 には 85 年 11 月 5 日の沖縄県令西村捨三名義の文書「第 384 号魚釣島外二島実地取調の義に付上申」が収められている。この文書はすでに明らかな通り、西村捨三が書いたものでなく、県令代理の森長義が記し、西村捨三によって破棄されたものだが、副本が沖縄県に保存されていたため、後の沖縄県知事はその事実を知らないまま、指令見直しの根拠にしているのである。内務省もそれが西村捨三本人の作成した文書でないことを知っていた。本来の公文書としては明らかに失格である。ただ清国との戦争に大勝利をおさめていた明治政府にとって、そんなことはどうでもよかった。

　清国は「今は何事も日本政府の意向に従はざれば、其目的を達する能はざることを悟りたる」情況に陥り、日本は「威海衛を衝き、台湾を略すべき方略」により、冷徹かつ貪欲な眼でもって清国をどのように料理するかを考えていた。

　野村内務大臣は陸奥外務大臣が反対するはずがないことを重々承知しながら「一応ご協議」を求めることとしたのである。陸奥からの回答もきわめて簡単である。

「親展送第 2 号
　明治 28 年 1 月 10 日起草　明治 28 年 1 月 11 日発遣
　機密
　　外務大臣子爵　陸奥宗光

内務大臣子爵　野村靖殿
久場島及魚釣島へ所轄標杭建設の件
久場島及魚釣島へ所轄標杭建設の義に付、沖縄県知事よりの上申書及明治18年中、全県への指令案相添へ、客年12月27日附秘別第133号を以て御照会の趣了承。本件に関し本省に於ては別段異議無之候付、御見込の通り御取計相成可然と存候。依て右附属書類相添へ此段回答申進候也」（B03041152300の39　史料41　195頁）

陸奥外務大臣の関心事はもはや小さな無人島の領有に清国がどう反応するか、といった「瑣末」なことではなかった。「別段異議なし」と回答するのみで十分である。
外務大臣からの同意の回答が得られたので、野村内務大臣は翌1月12日に伊藤博文総理大臣宛に秘別第133号「標杭建設に関する件」を閣議提出する。

「秘別第133号
標杭建設に関する件
沖縄県下八重山群島の北西に位する久場島、魚釣島は、従来無人島なれども、近来に至り該島へ向け漁業等を試むる者有之。之れが取締を要するを以て、同県の所轄とし、標杭建設致度旨、同県知事より上申有之。右は同県の所轄と認むるに依り、上申の通り標杭を建設せしめんとす。
右閣議を請う。
明治28年1月12日
内務大臣子爵　野村靖」（A01200793600の1、2　史料42　195頁）

それを受けて内閣書記官は1月14日に審議用の文書を起草し、内閣の承認を得る手続きを始め、1月21日までに閣僚全員の署名が完了し、閣議を通過する。

「別紙内務大臣請議、沖縄県下八重山群島の北西に位する久場島、魚釣島と称する無人島へ向け、近来漁業等を試むる者有之為め、取締を要するに付ては、同島の儀は沖縄県の所轄と認むるを以て、標杭建設の儀、全県知事上申の通、許可すべしとの件は、別に差支も無之に付、請議の通にて然るべし
　　指令案
　　標杭建設に関する件、請議の通
　　　　明治28年1月21日」（A01200793600の2、3　史料43　196頁）

　「標杭建設の儀、全県知事上申の通、許可すべしとの件は、別に差支も無之に付」と沖縄県管轄下に置くという標杭を許可したところで「別に差し支えないから」、不都合は生じないからという、実にいい加減な理由で閣議決定を行ったのである。
　これまで外務省の「帝国版図関係雑件」（B03041152300）からの引用によって日本の領有過程を再現してきた。本来あって当然の、本件に関する明治19年以降の内務省管轄文書が見当たらないからである。
　ところが内務省保存文書として明治28（1895）年1月の「沖縄県下八重山群島の北西に位する久場島魚釣島へ標杭を建設す」（A01200793600　史料43　196頁）という件名標題の文書が存在している。簿冊（バインダー名）は「公文類聚・第十九編・明治二十八年・第二巻）」である。他にも関連する文書が存在するのではなかろうか、いろいろ調べてみたが、不思議なことに見つからない（図28）。
　アジア歴史資料センターでは、明治期の「公文類聚」は現時点では公開されていない。ただここで紹介した明治28年1月の「沖縄県下八重山群島の北西に位する久場島魚釣島へ標杭を建設す」と明治38年1月28日の「隠岐島を距る西北八十五哩に在る無人島を竹島と名け、島根県所属隠岐島司の所管と為す」（公文類聚・第二十九編・明治38年・第一巻A01200222600）だけが公開されている。公開の仕方に恣意性があることを感じないわけにはいかない。

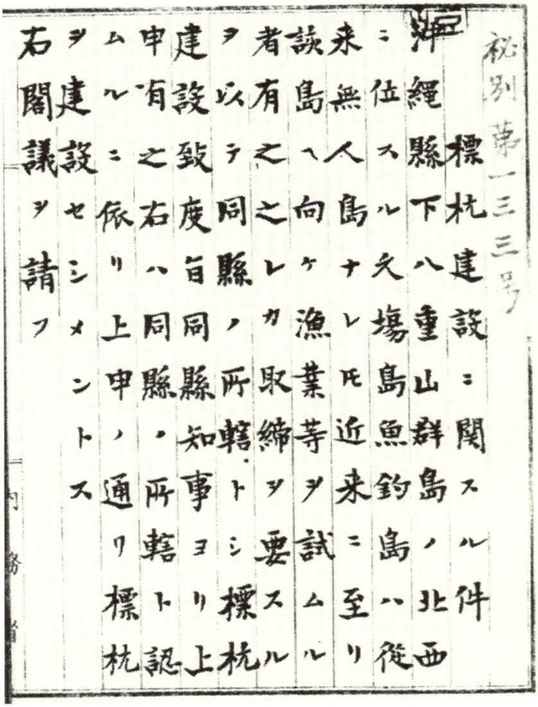
秘別第一三三号
標杭建設ニ関スル件
沖縄県下八重山群島ノ北西
ニ位スル久場島魚釣島ハ従
来無人島ナレトモ近来ニ至リ
該島ヘ向ケ漁業等ヲ試ムル
者有之之レカ取締ヲ要スル
ヲ以テ同県ノ所轄トシ標杭
建設致度旨同県知事ヨリ上
申有之右ハ同県ノ所轄ト認
ムルニ依リ上申ノ通リ標杭
ヲ建設セシメントス
右閣議ヲ請フ

図 28　1895 年 1 月　内務省秘別第 133 号

ラレー岩・赤尾嶼・久米赤島・大正島の謎

沖縄県への編入を決めた 1895 年 1 月の閣議決定は「魚釣島」と「久場島」のみを対象にしている。「久米赤島」（赤尾嶼　英国海軍は Raleigh Rock と名付けていた）については何も言及がない。のちに「大正島」という名称が付けられる「久米赤島」の扱いはどうなったのであろうか。

沖縄県庁が明治 39（1906）年 2 月に発行した「沖縄県管区全図」（本書口絵参照）の「尖閣列島」周辺の地図の記載は注目に値する。久米島と久場島との間（すなわち久米赤島の位置する箇所）は斜線面で覆われ見えなくなっている。なぜこのように見えなくする必要があるのだろうか。筆者の推測だが、これは 1895 年 1 月に久米赤島を沖縄県に「編入」すること

を怠ったという「落ち度」を沖縄県庁が1906年以前に気づき、それを隠蔽しようとして、地図上から「久米赤島」の存在を消そうとしたためと思われる。面積は0.06km²に過ぎない小さな岩礁なのだから、存在していないことにできると思っていたのだろう。

　ところが1919年冬、中国福建省恵安県の漁民31名が遭難し、尖閣列島内和洋島〔魚釣島〕に漂着し、救助されるという事件が発生した。中華民国駐長崎領事の馮冕が1920年5月20日に豊川善佐・石垣村村長と古賀善次に感謝状を送っている。この事件の発生が契機になって、和洋島（魚釣島）、久場島より東方に位置する久米赤島（ラレー岩・赤尾嶼）の沖縄県への未編入という現実が表面化したのであろう。『官報』第2507号（大正9（1920）年12月9日）に「所属未定地編入」「字名設定」（いずれも大正9年12月）に関する沖縄県の布告が掲載されており、「所属未定地編入」は「内務大臣の許可を経て八重山郡石垣村の区画に編入し、本年2月17日より施行せり」とある。「字名設定」では「字登野城大正島〔タイショウトウのルビを付けている〕の名称を付し、本年3月18日より施行せり」とある。

　それまで日本側が使っていた「久米赤島」ではなく、「大正島」という新名称を付けたのは、あたかも新発見の島であるかのように装って、県側の「落ち度」を隠蔽しようとしたのではなかろうか。彼らの苦心の跡が見えなくもないが、実際にはその後も「赤尾嶼」という、中国由来の名称を使うケースのほうが多い。例えば昭和8（1933）年5月に大日本帝国陸地測量部が発行した「トカラ及尖閣群島」（国立国会図書館　YG1-Z-5.0-113-5）の地図には「赤尾嶼（大正島）」と表示されている。こうして「久米赤島」は地図から消えたのである。

編入の事実を内外に公表しなかった

　「大正島」（赤尾嶼）の編入は以上の経緯で1920年12月9日の『官報』で告知された。
　しかし1895年1月に閣議決定によって、沖縄県管轄下に置くことが許

可された魚釣島、久場島については『官報』にその事実が掲載されたことがない。85年10月21日に井上馨外務卿が山県有朋内務卿に、大東島と魚釣島等への調査や国標建設の事実を「官報并に新聞紙に掲載不相成」と内密にしておくべき、とした忠告は引き継がれたことになる。実際には『官報』に公表しようとしても、領有することについての正当な根拠の提示ができないからであろう。「その当時と今とでは事情を異にする」ので、標杭建設も「差し支えなし」といった「内輪の事情」は対外的に公表できるものではない。

　当時の日本政府にとって、この小さな無人島を領有することは大した問題ではなかった。しかし台湾、澎湖諸島、遼東半島という大きな領土の獲得を目指していた日本政府にとって、小さな無人島であっても、正当な根拠を欠いたままに清国と関わりのある島を領有したという事実が明らかになれば、清国のみならず、列強からも問題視され、反対の声が上がることは間違いない。講和条約によって合法的に台湾等の領土を取得（割譲）しようとする日本政府の目標実現が妨げられる恐れが十分ある。それを防ぐには、これら小さな無人島の領有の事実を内外に公表しないことが重要であった。

　日本政府は1895年1月の閣議決定で「久場島、魚釣島」を領有したと称するが、その事実を国際的、国内的に公式に表明していない。まさに戦勝に乗じてこっそりと領有したものであり、このような「火事場泥棒的」行為に合法性は存在しない。まさに「窃取」と呼ぶしかない。国際法、国内法いずれに照らしても認められるものではない。

　では建設を許可された標杭を沖縄県が建設したのはいつのことであろうか。沖縄県は当時、標杭建設をしなかった。1968年にECAFE（アジア極東経済委員会）が周辺海域における海底資源の調査結果の報告書を発表したことから、1969年5月9日に石垣市があわてて標識を設置したのである。周辺海域の海底資源の存在が指摘されてから領有権を主張し出した、という点では中国側だけではなく、日本側も同じである。

第6章　事実を尊重する精神の大切さ

外務省条約局の版図編入経緯説明

　アジア歴史資料センターで公開されている文書に、外務省条約局編『国際法先例彙輯』(2)「島嶼先占」(B10070281100) というものがある。昭和8年（1933年）10月に作成されているが、当時は機密文書であった。そこには
「帝国の為したる島嶼先占事例」として
　　　1　小笠原島（明治九年十月）
　　　2　硫黄島（明治二十四年九月）
　　　3　久米赤島、久場島、魚釣島（明治二十八年一月）
　秘4　南鳥島（明治三十一年七月）
　　　5　沖大東島（明治三十三年九月）
　　　6　中鳥島（明治四十一年八月）
「外国の為したる島嶼先占に対する帝国政府の措置に関する事例」として
　　　1　クリッパートン島（明治三十一年）
　秘2　ミッドウエー島及ウエーク島（明治三十三年－明治三十五年）
　秘3　プラタス島（東沙島）（明治四十年－明治四十二年）
　　　4　ジャン、マイヤン島（大正十一年－昭和四年）
　　　5　プーベエ島（昭和三年－昭和七年）
　　　6　ピーター一世島（昭和四年－昭和七年）
　秘7　グリーンランド島（大正九年－昭和八年）
　秘8　パラセル島（西沙島）（懸案）
　秘9　新南群島（懸案）

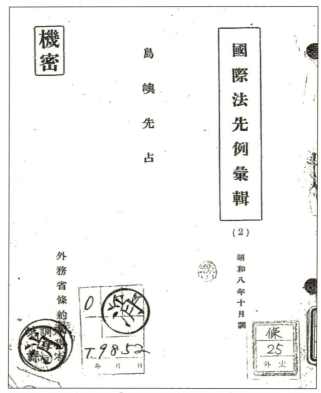

図29　1933年10月『国際法先例彙輯』(2)「島嶼先占」表紙

と計15の事例が紹介されている。

　この事例集には注目すべき点がいろいろあるが、本書との関係で述べれば、西村捨三が沖縄県管下とする国標建設を行った南大東島、北大東島（明治十八年）の事例が掲載されていないことが注目される（図29、30）。

　これは本書47頁においてすでに紹介しておいたが、江崎龍雄が1929年に『大東島誌』を刊行するに際して外務省から該当文書を借り出し、そのまま返却しなかったためではなかろうか。また日本が先占したとしている「中鳥島（中ノ鳥島）」（明治41年8月）という島嶼は現在では存在していないことが明らかになっている。存在していない島嶼を「先占」したと記述しているのだ。これらの事実から、当時の外務省条約局の文書管理

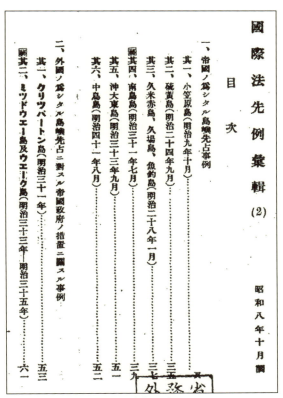

図30 『国際法先例彙輯』(2) 目次

や領域管理の杜撰さの一端が窺えよう。

「帝国の為したる島嶼先占事例」のその3「久米赤島、久場島、魚釣島（明治二十八年一月）」は史料45　197頁に収録しておいた。その内容を逐条点検してみよう。●で始まる部分は本書筆者の指摘である。

　　1　「沖縄県と清国福州との間に散在する久米赤島、久場島、魚釣島の三島は、別に支那国所属の証跡見えず。且つ沖縄所轄の宮古、八重山等に接近せる無人島嶼なるを以て、国標建設に関し沖縄県知事より上申ありたるを以て」

　　●　西村県令は1885年9月22日の上申伺において、これら三島は『中

第6章　事実を尊重する精神の大切さ …… 123

山伝信録』にも記載があり、清国と関わりある島嶼であることを指摘して、内務卿に慎重に対処するよう求めた。沖縄県令（知事は後の職名）が国標建設を上申したのではない。山県内務卿から国標建設の内命を受けたところ、それに対して懸念を表明する上申伺を出したのである。

2　「右の詮議方、太政大臣へ上申するに先（さきだ）ち、明治18年10月9日、山県内務卿より井上外務卿へ意見を徴し来れり。」
● 沖縄の歴史や現状に無頓着な山県内務卿は、部下である西村県令の忠言に耳を傾ける気配はまったくなく、内命に基づく太政官上申案を作成して、井上外務卿に照会した。山県からすれば、井上は当然同意するものと思っていた。

3　「外務卿は熟考の結果、本島嶼が支那国国境に近接せること、蕞爾（さいじ）たる島嶼なること、及当時、支那国新聞紙等に於て、帝国政府が台湾近傍の支那国所属島嶼を占拠せし等の風説を掲載せられ、支那国政府の注意を促し居ること等の理由に依り、国標の建設、島嶼の開拓は他日の機会に譲る方、然るべき旨、10月21日、回答せり。」
● 井上外務卿は西村県令の9月22日上申伺および外務省の部下から提示されたメモ、上海『申報』掲載の記事などを読み、熟考のすえ、国標建設、島嶼開拓は見送るべし、との意見を10月21日に山県内務卿に回答する。併せてすでに実施した大東島への調査と国標建設の事実、および魚釣島等への調査について『官報』や新聞紙に掲載しないほうがよい、との提言も行う。山県内務卿にとってこれは想定外の回答であり、外務卿の同意が得られなかったため「太政官上申案」は廃案になった。西村県令への新たな指示も出せなくなった。

4　「依て12月5日、内務、外務両卿より、目下建設を要せざる儀と可心得旨、沖縄県知事へ指令ありたり。」
● 10月21日の井上外務卿からの回答を受け、12月5日の指令が出されたわけではない。10月21日の井上外務卿の回答によって「太政官上

申案」が廃案になったのである。その後1カ月余りの間に発生したことがこの事例概説ではスッポリと抜けている。10月30日に短時間ではあったが魚釣島へ上陸し、実地調査を行ったことすら記載していない。その時の調査報告書は内務省、外務省に提出されたが、当時、県令代理の森長義大書記官が西村県令名義で書いた11月5日の上申（山県の内命に追随し、西村の見解を否定した内容）は、上京中の西村県令自身によって破棄され、内務省には提出されていない。

　西村県令は11月24日に、国標建設は清国と関わることなので、至急明確な指揮（具体的には国標建設の指示を撤回すること）を出してほしい、と井上外務卿、山県内務卿に訴える書簡を出した。それを受けて内務、外務両卿の、国標は目下建設を要せざる儀と心得べし、という指令が出されたのである。つまり12月5日の指令発出にいたる過程での西村沖縄県令の果たした役割が外務省の事例概説においてはまったく無視され、あたかも井上外務卿の回答を受けた措置であるかのように書かれている。

「目下建設を要せざる儀と可心得」とは明治18年12月5日の時点で日本政府が魚釣島等への国標建設は必要なし、との結論に達していたことを示す重要な事実である。

　5　「明治23年1月13日、沖縄県知事より本件島嶼は従来、無人島なるより、別に所轄を定めず、其儘に為し置きたる処、近時、水産取締の必要より、所轄を定められ度き旨、八重山島役所より伺出ありたるに付、旁々管轄所定方、内務大臣へ上申ありたり。」

● 明治18年11月5日の西村県令名義の上申は西村県令自身により破棄されていたので、内務省には存在していない。しかしその上申の副本は沖縄県に残っていた。明治23年にいたって丸岡県知事はそれを西村県令が書いたものと思い込み、目下建設を要せず、とした政府の12月5日の指令は地元の要望を無視したものであると考えた。そこで11月5日の西村県令名義の「上申」を根拠にして、これらの島嶼を沖縄県管轄下に置くことを求めた。しかし内務省は11月5日の上申そのものに疑いを持っていたので、12月5日の指令見直しを求める沖縄県の要請に応じなかった。

6　「明治26年11月2日、更に沖縄県知事より本件島嶼に向け、漁業等を試むる者あるに付、之が取締を要するを以て、同県の所轄となし、標杭建設致したき旨、内務、外務両大臣へ上申ありたり。」
　●　奈良原県知事も11月5日の西村県令名義の上申を本物と思い込み、それを根拠に12月5日の指令の見直しを求める上申をした。内務省からすれば明治18年12月5日の指令の見直しをするには、予測される清国からの反論にも十分堪えうる明確な根拠が必要である。そこで「旧記口碑等に就き、我国に属せし証左、其他宮古島、八重山島等との従来の関係」を明らかにした証拠を提出するよう沖縄県に求めた。それに対して知事は「該島に関する旧記書類及我邦に属せし証左の明文又は口碑の伝説等も無之。古来、県下の漁夫、時々八重山島より両島へ渡航、漁猟致し候関係のみ有之候条」と回答するしかなかった。これでは内務省としては動きようがない。
　なお明治23年1月2日に丸岡知事が、26年11月5日には奈良原知事が、いずれも明治18年11月5日の森長義が西村県令を僭称して書いた上申（沖縄県に副本が残っていた）を根拠にして、明治18年12月5日の外務・内務両卿の指令を見直すよう求めていたが、この事例概説においては11月5日の僭称上申についてまったく言及がない。政府当局者にとっては11月5日の僭称上申は価値のない文書であることを知っていたのだろう。

　　7　「依て27年12月27日、内務大臣より本件閣議提出方に就き、外務大臣へ協議ありたるも、異議なかりしを以て、閣議へ提出の上、明治28年1月21日、閣議の決定を経て、内務、外務両大臣より曩（さき）に上申中の標杭建設の件、聞届くる旨、沖縄県知事へ指令ありたり。」
　●　奈良原知事が上申を提出したのは明治26年11月2日である。その時から閣議に提出しようと動き出す27年12月27日までは1年以上の歳月が経っている。閣議に提出するのになぜそれほど長い時間を要したのか。明治18年12月5日の指令を見直すには、清国から異論が出されても十分対処できる明確な根拠がなければならない。しかし沖縄県からは問

題の島嶼が沖縄県に所属することを証明する根拠を提出できない。

ただ「国標建設を要せず」とした指令を出した当時（明治18年12月のこと）と今（明治27年12月）とでは日本と清国との間で大きく「事情」が変わった。それは何か。日本と清国との間で戦争が発生し、日本の勝利が確定的となり、もはや清国への配慮は必要としなくなったことである。そこで沖縄県に標杭の建設を許可する閣議決定を行った。

この事例概説では「明治28年1月21日、閣議の決定を経て」と閣議決定の日付を1月21日としているが、これは正しい。しかし今日の日本政府はその日付をも間違えて紹介している。

外務省のホームページでは「尖閣諸島に対する日本政府の領有権の根拠は何ですか」という問いに対し「1895年1月14日に現地に標杭を建設する旨の閣議決定を行って，正式に日本の領土に編入しました」との回答を書いている。

http://www.mofa.go.jp/mofaj/area/senkaku/qa_1010.html#q2

実際には閣僚の署名が完了した1月21日が正しい。本書史料43の「指令案」の日付を見れば明らかで、1月14日は閣議に請議した日である。

しかしその後、沖縄県は許可された標杭の建設を行わなかった。しかも久米赤島（赤尾嶼）についてはこの当時、標杭建設の対象にすらなっていない。

以上見た通り、昭和8年（1933年）の外務省条約局が編纂した『国際法先例彙輯』(2)「島嶼先占」の「久米赤島、久場島、魚釣島」に関する事例概説は、事実を大きく歪曲した記述をしていることは明らかである。このようないい加減な記述を日本政府は「尖閣諸島はわが国固有の領土」という主張の根拠にしている。

外務省編纂『日本外交文書』第18巻（1950年12月発行）（http://www.mofa.go.jp/mofaj/annai/honsho/shiryo/archives/18.html）の「版図関係雑件」部分に山県内務卿が井上外務卿に宛てた明治18年10月9日「沖縄県と清国との間に散在する無人島の儀に関し意見問合の件」が収められ、その附属書として「太政官上申案」（別紙乙号）と西村県令の「久米赤島外二

島取調の儀に付上申」(別紙甲号) が収められている。
　さらにその後ろに「附記」として「久米赤島久場島及魚釣島版図編入経緯概説」が収められている。この「附記」は昭和8年に外務省条約局が編纂した「久米赤島、久場島、魚釣島 (7～8頁)」をそっくりそのまま引用している (『日本外交文書』18巻　574～5頁)。
　この記述の主旨は1972年5月に外務省情報文化局が作成した「尖閣諸島について」という冊子の「わが国領土に編入されたいきさつ」にも引き継がれている。

　　(1) 慎重な編入手続き
　　明治12年 (1879年)、明治政府は琉球藩を廃止し、沖縄県としましたが、明治18年 (1885年) 以来数回にわたって、沖縄県当局を通じ尖閣諸島を実地に調査した結果、尖閣諸島が清国に所属する証跡がないことを慎重に確認した後、明治28年 (1895年) 1月14日の閣議決定により、尖閣諸島を沖縄県の所轄として標杭をたてることにきめました。
　　このようにして尖閣諸島は、わが国の領土に編入されたのです。

　しかし、同じく外務省が作成した「尖閣諸島について」と題するパンフレットでありながら2013年3月になると書き方が変わっている。その「尖閣諸島をめぐる経緯」は以下のように記すだけである。

「1895年1月　閣議決定により尖閣諸島を沖縄県に編入」
　http://www.mofa.go.jp/mofaj/area/senkaku/pdfs/senkaku.pdf
　実に簡単である。編入の経緯を明らかにすることは都合が悪い、ということをこのパンフレットの作成者自身が自覚しているからと言えよう。

意図的に照会を怠った領有行為

　今日の日本政府は1933年に外務省条約局がまとめた「沖縄県と清国福

州との間に散在する久米赤島、久場島、魚釣島の三島は、別に支那国所属の証跡見えず」との見解を基本的に引き継いでいる。その源は 1885 年 10 月の山県内務卿の見解にある。しかし 1885 年段階において西村沖縄県令、井上外務卿いずれもが、これらの島々が清国と関わりのある島嶼であることを知っていた。

　もしそのような島嶼を日本が領有しようとする場合、まず清国に、その島嶼が清国に帰属するものであるか否かの照会をし、清国が自国の領土と見做していないこと、あるいは自国の領土であると主張したとしても、それを裏付ける明確な根拠を提示できないことを確認したうえで、日本は領有手続きを行うべきである。実際には明治政府はそのような照会手続きを意図的に怠っている。

　いや、領土に絡む問題ではそのような悠長な対応はしないものだ、との意見が出るだろう。しかし同じ『国際法先例彙輯（2）島嶼先占』（73 〜 82 頁）に収められている「プラタス島（東沙島）」の事例はどうだろうか。

　台湾の南西、香港の南方向の海上に存在する「プラタス島（東沙島）」について、明治政府は当初、英国政府に所属する島である可能性を考え、香港政庁に非公式に問い合わせをした。英国政府との間で領土をめぐる対立が発生することを避けるためである。香港政庁からは、英国には所属しないが、清国に所属するかもしれないので、清国の意向を確かめるようにとの回答を受けた。

　だが日本側は清国に照会をすることはせず、まず開拓という既成事実を作り上げることを始めた（1907 年）。しかし日本側の動きは清国側に知られてしまい、清国は同島へ軍艦を派遣する。さらに漁民たちの反日抗議行動が発生したことにより、最終的に日本は「プラタス島（東沙島）」の領有を放棄した（1909 年）。この件については拙著『日中領土問題の起源』225 頁以降に紹介しているので、それをご覧いただきたい。

　釣魚島（魚釣島）等の無人島について、明治政府は清国と関わりがあることを知っていたのだから、当然のことながら、その帰属についてまず清国側に照会すべきであった。それをしなかったのは、照会すれば必ずや清国から自国の領土である、との回答がなされることを承知していたからに

他ならない。だからこそ井上外務卿は『官報』や新聞紙に公表しないよう忠告していたし、魚釣島、久場島編入の閣議決定を『官報』に掲載しなかったのである。

事実を認める誠実さが大切

　本書は主としてアジア歴史資料センターで公開されている日本の公文書の記載に基づいて、魚釣島、久場島等、今日では「尖閣諸島」と呼ばれる島嶼群を日本政府が沖縄県管轄下に編入するにいたる過程に関わる文書を調べ、その流れを整理したものである。それによって明らかになった事実は、日本政府が「尖閣諸島が日本固有の領土であることは歴史的にも国際法上も明らかであり、現に我が国はこれを有効に支配しています。したがって、尖閣諸島をめぐって解決しなければならない領有権の問題はそもそも存在しません」（外務省「尖閣諸島について」）（http://www.mofa.go.jp/mofaj/area/senkaku/）とする主張が成り立たない、ということである。これは当時の公文書そのものが明らかにしているのであって、筆者の主観的、恣意的な判断ではないし、筆者が判断を下している場合は、そう判断する論拠を提示している。

　1885年段階では山県内務卿が領有しようとしたが、井上外務卿、西村県令の同意が得られず、85年12月段階で国標建設＝領有行為は取りやめとなった。

　その後、二人の沖縄県知事が85年12月の指令を見直して沖縄県管下に置くことを求める要求を出すが、指令見直しをするに足る根拠がないまま領有すれば、清国との間で争いの元を作ることになることを知っていた当時の日本政府は、沖縄県の要請に応じなかった。

　1894年12月になり、日清戦争での日本の勝利が明確になり、もはや清国に配慮する必要なしと判断した日本政府は閣議にかけて沖縄県管下に置くことを決定する。

　ただしその事実を対外的に公表することはしなかった。なぜなら領有する根拠を示すことができないからだ。その当時（1885年）と今日とでは

事情を異にするから、とか、標杭の建設を許可しても「差し支えない」から、という「本音」はとても公表できるものではない。正々堂々とした領有行為でないことは明白である。

　もしこの結論が正しくない、とするのであるなら具体的な根拠を挙げて反論していただきたい。事実に基づく指摘であるなら、筆者も真面目に検討し、筆者の判断に間違いがあることが明白になったら、素直に受け入れる意志がある。大切なことは事実であって、面子ではない。

　日本の公文書が明らかにしていることは「尖閣諸島は日本の固有の領土」と主張するにはあまりに都合の悪い事実が山積しているという現実である。しかし事実は事実。否定しようがない。素直に事実に向かい合い、誠実な態度で問題解決に当たろうとする姿勢が必要である。そのような姿勢を堅持すれば、問題解決の道は自ずと見えてくるであろう。

　「実事求是」（事実に基づいて真理を探究する）精神がなにより大切である。

　昨年（2013年）11月28日に東京で開かれた日中関係についての集会に参加し、発言することを求められていた筆者は、口頭で報告するには与えられた時間があまりに短かったので、事前に文書を用意し、当日、会場で配布した。しかもその内容を中国語に訳してもらい、中国の友人たちにメールで配信した。その後、北京大学歴史学系の王暁秋先生から、『中日関係史研究』（中国中日関係史学会編　2013年第4期の64〜70頁）に掲載された拙論のコピーをいただいた。訳文を点検したところ、原文に忠実に掲載されていることも分かった。いま読み直してみて、基本的に変更する必要はない、と思われるので、ここに掲載することとした。〔　〕で囲んだ部分は今回、補充した箇所である。

日中領土紛争の平和的解決を実現するための具体的な提案

2013年11月28日

　尖閣諸島・釣魚島の領有権をめぐって日中両国政府の見解は対立している。現実に見解が異なっている以上、両国政府は話し合いによる平和的解決の道を選択する以外にない。

　話し合い解決の道を進むためには、その障害物を一つ一つ除去し、話し合い実現に相応しい環境を作る努力が必要である。

　双方とも、相手を挑発する恐れのある行為をすべて禁止し、険悪化した事態を冷却化し、理性的な対話ができる雰囲気作りに努力すべきである。一定期間（たとえば一年間）、この島の領海12カイリ内を双方とも立ち入り禁止区域とし、あらゆる船舶の立ち入りを停止することを約束するといったことも考えられるのではないか。

　同時に双方の関係当局は、万一、不測の発生した場合の処理方法について合意事項をまとめ、双方とも事態を悪化させる意図はなく、平和的に解決する意志を有していることを確認しあう「ホットライン」作りを行うべきである。

　両国の政府指導者は対話実現のために知恵と勇気を出すべきで、「面子」にこだわるべきではない。

　領土問題は政府間の見解の相違から発生しているが、政府間の争いにとどまらず、民間をも巻き込んでおり、相手国への国民感情の悪化、嫌悪感、不信感を増大させ、その悪影響は両国間のあらゆる分野に及んでいる。事態は深刻である。

民間交流を積極的に展開する

　領土問題となると人々はいとも簡単に「愛国者」に変身する。「寸土たりとも譲るべからず」という強硬論がのさばり、相手国への敵愾心、不信感を煽る口実にされてきた。

　領土の「魔力」から解放され、冷静に、客観的に問題を見て、柔軟に

対処できる知恵と能力を身につけなければならない。

　それは簡単でもあり、難しいことでもある。要は自己（自国）の観点を絶対視せず、相手側の考え、主張にも耳を傾け、いかなる場合でも「対話」を放棄せず、相互の信頼関係を強め、友好的、平和的な解決の道を見いだそうと努力することである。

　政府間の対立を民間には持ち込まない、という精神が大切で、さまざまなレベル、多様な分野の民間交流を積極的に展開していくべきである。

　領土をめぐる政府間の対立が存在することを理由に民間交流を中断させることは間違いである。民間交流は対立激化を防止する重要な緩衝材、和解実現のための促進剤である。

　民間交流をするにあたり、政府間で係争中の問題についての見解の一致を求める必要はない。領土問題への認識や態度を民間交流実施の「踏み絵」にしてはならない。

冷静、客観的気風を育てていく努力の必要性

　誰しも生まれ育った環境や受けた教育などが異なるのだから、ものの見方は一様ではない。ましてや国が異なれば異なった理解が生ずることは不思議なことではない。しかし「領土問題」となると、残念なことに人々はいとも簡単に「国家」の枠に取り込まれ、冷静さを失ってしまう。

　自己（自国）の見解の正当さを主張するだけでなく、相手が正当と思って主張することにも耳を傾ける謙虚さが必要である。冷静、謙虚、真摯、友好を重んじる対話の精神が必要である。

　今を生きる人間同士の「対話」とともに、過去（歴史）との「対話」も必要である。

　過去は教育や伝承によって認識されるため、国家や民族が異なれば、過去の理解（歴史認識）の共有化は簡単には実現しない。日本と中国との間には過去百年余りの歴史において侵略、被侵略という大きな溝が存在していたため、歴史認識の共有化は一筋縄では実現できない。双方ともじっくりと時間をかけて知り合おうとする地道な努力が必要である。

　今年〔2013年〕は日中平和友好条約締結35周年であるが、ドイツ

とフランスが1963年1月に調印した「独仏協力条約」（エリゼ条約）締結50周年でもある。対立ではなく和解の道を選択したドイツとフランスの50年間の歩みからわれわれは学ぶ必要がある。

〔参考資料　エリゼ条約（独仏協力条約）締結50周年を祝うドイツ連邦共和国大使館・総領事館のHPより：1963年、当時のアデナウアー独首相とドゴール仏大統領がパリにおいて調印したエリゼ条約（独仏協力条約）は、独仏間の和解の基礎を築きました。同条約には、両国の閣僚の定期協議実施が盛り込まれ、その後数十年をかけ定期協議の定着化・緊密化が進んできました。また、独仏協力は、ドイツ外交の主要な柱の一つを成すとともに、欧州統合の推進力となってきました。他方、条約締結当初から、親交を政府間にとどまらず国民レベルでも深めようと、独仏間の市民交流にも主眼が置かれてきました。姉妹都市提携、青少年交流はもとより、様々な形の実りある交流が、両国の社会に深く根付き、今なお両国の協力に活力を与え続けています。〕http://www.japan.diplo.de/Vertretung/japan/ja/05-politik/054-df50/0-df50.html

歴史事実の共有化作業を行う

　事実という共通の土台が存在しない状態での認識の共有化は砂上の楼閣に過ぎない。事実の共有化は、事実を事実として認める誠実さがあれば、実現は可能である。

　しかし事実の共有化も簡単に実現できるものではない。自分（自国）に都合のよいことだけを事実として認めたがる「習性」があり、不都合な事実を隠蔽したり、改竄したりすることもないとは言えない。

　同一の事件であっても見る角度や力点の置きかたが異なれば、見える事実も異なってくるのも現実である。異なる視点を拒否してはならない。現実は複雑多様であり、多角的視点はものごとを総合的に理解するうえで必要なことである。

日中国交回復交渉と平和友好条約交渉に関する資料を全文公開すべき

　公文書を改竄することは犯罪行為である。削除や隠蔽も犯罪行為であ

る。政府は歴史資料の公開作業を責任を持って行うべきであり、法定期間を過ぎた歴史資料の公開を求めることは正当な権利であり、それを妨害したり、危険視してはならない。

特定の人間、組織にのみ資料を開放する、というのは愚民政策の表明であり、国民の自覚的・科学的思考の発達を妨げる対応である。学術研究活動に等級観念を持ち込むことも正しくない。

今年〔2013年〕は日中国交回復41周年、平和友好条約締結35周年にあたる。「中華人民共和国档案法」第19条は次のように規定している。「国家档案館が保存する档案は、一般にはそれが作成された日より満30年で社会に開放するべきである。経済、科学、技術、文化等の档案の社会への開放の期限は30年よりも短くすることができ、国家の安全あるいは重大な利益に関わるもの、及びその他時期が到来しても開放するに適していない档案の社会に公開する期限は30年より長くすることができ、具体的な期限は国家档案の行政管理部門が制定し、国務院の批准を経て施行される」。

日本にも「情報公開法」があり、30年を過ぎた公文書は公開が原則となっている。石井明ほか編『記録と交渉　日中国交正常化・日中平和友好条約締結交渉』（岩波書店、2003年8月）は「情報公開法」にもとづいて公開された文書を収めている。そこには貴重な資料や証言が数多く収録されているが、外務省は資料を公開するにあたり意図的に隠蔽・削除している部分があることも明らかになっている。

それはいわゆる尖閣・釣魚島棚上げ論に関する部分で、矢吹晋著『尖閣問題の核心』（花伝社、2013年1月）は外務省が意図的に記録を改竄していることを明らかにしている。その主張の根拠は『日本学刊』1998年第1期に掲載された張香山論文である。張香山氏は日中国交交渉の当事者で、中国の外交档案を見ることができる人である。

中国では田桓主編『戦後中日関係文献集』が中国社会科学出版社から出されており、1971～1995年の部分は1997年8月に刊行されている。しかしそこに収められている文献の大半は新華社や人民日報の報道などであり、率直なところ学術的価値は低い。1972年7月の周恩来・竹入

義勝会談の記録（いわゆる「竹入メモ」）も収められているが、それは1980年5月23日『朝日新聞』に掲載されたものであって、前述の『記録と検証』で掲載されている外務省が公開した「竹入メモ」よりも簡略化されている。

しかも情報公開法にもとづいて外務省が公表した「竹入メモ」そのものが、公開するにあたって削除されていることは、竹入自身が「会談記録も二回目の会談でわずかに触れているだけだ」（『記録と検証』204頁）と回想している通りである。〔後に筆者が外務省外交史料館で「竹入メモ」の画像を点検したところ、「公開するにあたって削除されている」と筆者が記述したことは間違っていることが判明した。この件についてはさらなる調査と研究が必要である。〕

ましてや1972年9月25日〜28日の田中・周恩来の日中首脳会談、9月26日〜27日の大平・姫鵬飛の外相会談の記録は田桓編『戦後中日関係文献集』にはまったく載っていない。

その後、中国で中日国交正常化交渉、平和友好条約交渉をめぐる文書が公開されたのか、管見ながら私は知らない。

私は中共中央文献研究室を訪問するたびに、1972年7月の周・竹入会談の記録が文献研究室にないのかを尋ねてきたが、毎回の返事は「ここにはない」とのこと。今年〔2013年〕9月にこの件について外交档案館の担当者に友人を通じて面会を求めたが、外交档案館の担当者は会うことすらしてくれなかった。

日本側が曲がりなりにもすでに公開している41年前の文書は機密文書であるはずがない。「档案法」の規定にもとづき公開すべきものである。しかも日本外務省が公開している情報には意図的に削除している疑いがあるので、真相を明らかにしたいと思って公開を求めているのに、なぜそれを妨げようとするのか。外交档案館の対応はまったく理解できないし、彼らの対応は怠慢であり、法律を遵守していない、と指摘せざるを得ない。

日中関係が悪化している一つの大きな原因は、双方の当事者に科学的、客観的な視点で問題を考えようとする姿勢が欠落していることと大いに

関係していると私は思っている。関係者は大いに反省すべきである。

　ぜひとも本物の中日国交正常化交渉記録（そこには毛沢東・田中会談記録をも含む）を全文公開していただきたい。そうすることこそが日中国交正常化、平和友好条約締結に貢献した先人たちの知恵と努力に学ぶこととなるであろう。

領土問題をめぐる資料集の共同作成
　領土問題を平和的に解決する第一歩として、領土問題に関する事実の共有化作業を共同で行い、それぞれの国民に客観的、科学的、総合的、そして平和的にこの問題を考え、解決するための基盤整備作業を行うべきである。

　具体的な事実の共有化作業とは、歴史事実の発掘、整理、共通資料集の編纂と相手側言語への翻訳と公開（書籍とともにウェブ上をも含む）、共有化作業の成果を踏まえた歴史の共同研究とその成果を普及させる作業である。また歴史事実だけでなく、現状についても共同実態調査を行うことが望ましい。

　これらの作業には時間も経費もかかる。現実の作業を行う人材の確保・育成も重要である。両国政府の共同任務として歴史事実および現状の実態調査のための活動を支援していくべきである。

　この作業は日本と中国（台湾も含む）の間だけでなく、韓国（朝鮮も含む）との共同作業として進めることが望ましい。一挙にそれが実現できないとしても、常にその方向に発展して行く余地を残しておく必要がある。

領土問題に関する共同研究の積極的意義
　係争国の学者が中心になって係争中の問題を共同研究することは、事実を重んじ、冷静、科学的に問題を考え、対処する環境を作り上げるのに積極的な役割を果たすことができる。

　その際に係争中の事実について多角的、総合的な観察と理性的判断をするように努め、個別事実を絶対化、拡大化し、他の要素を受け入れよ

うとしない対応は取らないよう心がける必要がある。

　双方とも、相手には相手の理由があるのだから、その主張に耳を貸そう、という精神的余裕を持った態度が必要である。異なる視点の存在は事物を総合的に認識するうえで積極的な役割を果たす。見解の相違を否定的に捉えてはならない。ただし多様な視点の可能性を口実にして、真実を認めようとしない不誠実な態度をとってはならない。

　領土問題を平和的に解決した、あるいは解決できずに戦争への発火点になってしまった内外の事例を研究し、そこから教訓と知恵を汲み取る作業も同時に行う必要がある。

　双方が合意できる点は何なのかを冷静、客観的に分析し、双方が満足できる解決策を探究することも民間団体の任務である。

日中韓の正三角形の連携を構築しよう

　日中間には尖閣・釣魚島が、日韓間には竹島・独島が係争中の領土問題として存在する。

　尖閣は日本が実質的に占拠し、領土問題は存在しないと主張している。

　独島は韓国が実質的に占拠し、やはり領土問題は存在しないと主張している。

　日本政府は竹島については以下のように主張している（外務省のHPより）

「竹島問題について法にのっとり、冷静かつ平和的に紛争を解決するため、国際司法裁判所への我が国単独での付託を含め、適切な手段を講じていく考え」

　一方、日本が占拠している尖閣諸島については

「尖閣諸島が日本固有の領土であることは歴史的にも国際法上も明らかであり、現に我が国はこれを有効に支配している。尖閣諸島をめぐり解決すべき領有権の問題はそもそも存在しない」

　同じく係争中の領土でありながら、対応はまったく異なる。要するに自国が占拠している場合には問題の存在を認めず、相手が占拠している場合にのみ問題である、と主張している。これは「北方四島」について

も同様である。

　安倍首相は「対話のドアはいつでも開けている」と言いつつ、実際には日中間に「領土問題は存在しない」と主張し、この問題については話し合う余地がない、という立場をとっている。しかも「海洋分野をはじめとした法の支配の重要性」（10月10日記者会見）を主張し、さらには宮古島に陸自の地対艦ミサイル部隊を展開させ、あたかも中国海軍の動きを脅威であるかのように印象づける対応をしている。きわめて危険な動きである。

　暗礁に乗り上げてしまったかのような膠着状況を打破する手段として、中国政府が領土問題を国際司法裁判所に提訴する、というのも一つの選択肢として検討してもよいのではないか。

　そうすることの利点として

1　武力に訴えてこの島を「奪取」しようとしている、という宣伝を打破できる。
2　中国の主張・道理を、日本を含む全世界に示すことができる。
3　中国は国際法、国際慣行を尊重することを、日本を含む全世界に示すことができる。
4　平和的解決を求めているというメッセージを、日本を含む全世界に示すことができる。
5　日本政府は国際司法裁判所の義務的管轄権の受諾国であり、日本政府は中国政府の提訴に応じる義務がある。

〔補充　2014年3月15日に行った「日中関係の現状と課題」と題する報告で、以下の追加を行った。

公船派遣の中止による鎮静化実現
・提訴と同時に、中国側公船の釣魚島領海内での活動を中止することを宣言すべき
・提訴受諾した日本側にも国際司法裁判所の決定が出るまで公船の活動を中止させることを求める
・あわせて双方の民間の該島周辺での活動も禁止させる
・もし日本側が従わなければ、国際司法裁判所、国際世論にその不当性を訴え

ればよい〕

　実際に国際司法裁判所に提訴するか否かは日本政府の反応次第で決めればよく、当事国同士で平和的に解決することが最も望ましいことは言うまでもない。しかし提訴の姿勢を示すことを話し合い解決への糸口にすることができよう。

　ただし中国政府は国際司法裁判所に提訴することの意義と目的を、事前に韓国政府に伝え、その理解を得ることが望ましい。そうしないままに行うと、竹島・独島問題をめぐる韓国政府の立場を不利にする恐れもあり、事前に韓国政府に理解を求める必要があろう。

　日本政府にとっても中国政府が提訴するとなれば、竹島・独島問題を解決するためのキッカケにもなりうるので、必ずしも反対しないのではなかろうか。

　このような視点から、硬直化した東アジア三国関係を改善するための第一歩として、国際司法裁判所に提訴するという行為は検討に値すると思う。

共に手を取り合って発展することの大切さ　妥協の勧め

　領土問題の発生は戦争と密接に結びついている。日中間では1895年の日清戦争、日韓間では1905年の日露戦争と関係して発生している。日露間の北方四島問題は1945年の日本の敗戦から始まっている。表面的には領土問題ではないが、沖縄が相変わらず米軍基地の島として苦しんでいるのも1945年の敗戦の結果である。

　戦争によって領土問題を「解決」することは新たな戦争の火種を作るだけであり、そのような愚行を繰り返してはならない。「すべての紛争を平和的手段により解決し、武力又は武力による威嚇に訴えないことを確認する」という「日中共同声明」における約束は絶対に遵守すべきである。

　日中間の領土問題を平和的手段で解決する知恵と術を身につけ、それを実現する決断力と勇気を持つべきである。

　解決方法としては、領土主権については各々の主張を保持したまま、

日中の平和・友好・協力、共同発展の象徴として、この島々を共同管理する協定を結ぶのが一番妥当な解決策ではなかろうか。

これは明らかに双方にとって「妥協」である。妥協を通して双方がより大きな利益を得られ、明るい未来を切り開けるのであるのなら、このような妥協は積極的に評価し歓迎すべきではなかろうか。

自国が勝利することを追い求める発想は力による解決に向い、それは最終的には戦争に突き進むことになる。グローバル化した時代に、そのような考えはそぐわないし、かつての日本軍国主義の歴史を見れば、そのような考えには未来がない、ということも明白である。日中両国政府ともそれを望んでいないことも事実である。

われわれは真剣に「妥協」の道を開拓していくことを考えるべきである。その先には東アジアが共に手を取り合って発展していく新しい未来が見えてくるはずである。

「妥協」をするためには相互の信頼関係の存在が不可欠である。信頼関係を強めるために役立つさまざまな活動を積極的に展開していこう。信頼関係を害す行為は一切やらないように心がけよう。

付録史料

1885年の沖縄県近海無人島巡視取調関係文書
西村捨三の沖縄県県治の方策関係史料
1885年11月5日付西村捨三僭称上申に依拠する文書
参考資料

※以下に掲載する付録史料の原文はすべて縦書である。本書は横書にしているので、本文中に「左」と書かれているのは本書では「下」を、「右」と書かれているのは「上」を意味することがあるので、その点に留意していただきたい。

1885年の沖縄県近海無人島巡視取調関係文書

史料1
外国船取扱方ノ義ニ付沖縄県令伺並指令　明治18年　（B11092871900）

外国船取扱方の義に付伺　　　明治18（1885）年5月28日
此原稿は機密書類の内に編入。参考の為、写を茲に付す

明治18年5月28日
　　　　外務卿伯爵　　井上馨殿
　　　　内務卿伯爵山県有朋殿
　　　　　　　　　沖縄県令　　西村捨三

外国船取扱方の義に付伺
今般、露英関係漸次切迫の形況に立至り候為め、管下各島取締施行候に付ては、外国船舶取扱方、明治3年中、御達、不開港取締規則の通、可相心得は勿論の事に候得共、右規則中及び英吉利条約中、疑義相生じ候廉有之、左之条項相伺候条、何分の御指揮相成度候也
　明治18年5月28日

　　　第一条
　　不開港場取締心得方規則第二項に、尋問の上、薪水食料に尽き、其品々を求め入津の義に候はば云々末段に、七、八十里又は百里も遠き場所に候はば無余義事に付、其土地支配にて承届候上、里数を計り船中人数相当の分丈け渡遣しと有之。本県に於ては長崎港迄の里数を算し、其人員を計り、欠乏の物品を与ふるは勿論の義に候得共、何国を論ぜず、若し支那地方、印度海に航する者欠乏の物品を請求する時、則長崎に行て請求せよ、長崎迄の物品を与ふべしと云はば、彼為に海

路千里も却航するに至れば、或は承知せざるものも有るべし。若此場合に於ては承知不承知に不拘、一切謝絶し支給せざる義と相心得可然哉。
　　第二条
一　仝第十七項但書に、海岸最寄寺院也民家也、可然場所に止宿云々は、総て難船せし時の規則に付、難船に無之して石炭置場家屋等貸与の義申立るとも、一切拒絶するは言を俟ずと雖も、戦闘等に因り傷痍病病（伝染病に非ず）を受けたる者等、一時上陸治療の義申立るときは一切拒絶して可然哉。
　　第三条
一　戦闘に由て軍艦難破に至り一時救助を乞ふ者有る時は、尋常難破船とは同視し難きものと存候得共、別に例規も無之に付、前条十七項の難破船同様の取扱ひに及び可然哉。
　　第四条
一　軍艦に非ざる船、海賊等に襲撃せられ難破に至りたるものは、戦闘難破とは大に情実異なる所有之候得ば、則前十七項に準拠し取扱可然哉。
　　第五条
一　英吉利条約第三条に暴風雨の為めに困難し或は不得止時のみ云々と有之、此不得止時とするものに就ては、予め其項目を心得置度。然らざれば、事に臨み取扱上大に困却候のみならず、外国御交際上、関係候義と被存候条、可成詳細の項目御指示相成度候。

公第62号
書面伺之趣、左の通心得可し。
第一条　外国船舶、若し支那地方又は印度海に航行すべき目的を以て、途中薪水食料に尽き、寄港請求することあらば、事実推問の上、相違なきに於ては目的港に達する丈の物品支給し苦しからず。
第二条　伺之通。
第三条　甲乙両国の戦争に付、我邦局外中立の布告なく、又之に関し何等の布告をも為さざる場合に於ては、該軍艦事実難破の情状あるときは、

尋常難破船と見做し取扱可然と雖も、若し前条の布告あるときは総て其布告に照準する義と心得べし。
第四条　伺之通。
第五条　不得已時とは船舶航海中、種々の異状に因て寄港を要することあれば、其項目は予定し難しと雖も、或は船体破損し、或は炭水飲料に尽き、或は船内病人多くして運転し能はざる等総て寄港を要すべき事実ある者を包括候義と心得べし。

追て本条に掲げたる英約は嘉永7年〔1854年〕8月23日付長崎に於て調印したる者にして、其後沿革して明治2年9月19日付東京に於て調印したる濠地利条約は最も完備したれば該約第十八条を参照すべし。

明治18年6月25日

　　　　　　外務卿伯爵井上馨
　　　　　　内務卿伯爵山県有朋

　　　　但し指令迄の手続は親展にて往復せり

史料2
大東島巡視取調要項の義に付伺　森長義　1885年7月15日　（江崎達雄『大東島誌』昭和4年9月15日発行5頁、百瀬孝『史料検証　日本の領土』河出書房新社　57〜8頁）

大東島巡視取調要項の義に付伺　　　沖縄県大書記官森長義

沖縄県近海無人島巡視取調可き御内命を蒙り候。就ては海軍省の都合を以て、来る明治19年1月中、航海可致に付、該取調に係る要項を掲げ、予め御指揮を請置度、此段相伺候也。
一　大東島経緯度取調の件
二　同島の幅員、地勢、禽獣、草木、物産、気候、将来人民居住に適する

や否取調べ
三　同島は無人島と称するも数十年前、鹿児島藩琉球在藩官田代源之丞、漂流せりと言ふ。右に付き本人の処置に関する件
四　同島を沖縄県管下と定め、名称は従来称呼に拠り、大東島と唱へ、国標を建設すること
五　漂流民あらば之が処置
六　外人占領し居らば之に対する処置
七　経費に関する件

史料3
大東島調査命令　山県有朋　1885年8月1日　(江崎達雄『大東島誌』6頁、百瀬孝『史料検証　日本の領土』58頁)

書面具状の趣、其県雇入汽船を以て巡視可致、其他左の通り可心得事
第一条、当度巡視の際は其議に及ばず
第二条、第三条、第六条、第七条、申出の通り
第四条、申出の通り、尤も開拓、漁業なし得べき場所可成詳細取調ぶべし

史料4
本県へ接近大東島測量之義に付上申　森長義　1885年7月17日
(C11019493400の3～5)

本県へ接近大東島測量之義に付上申
　本県へ接近之無人島大東島に向け、御省より軍艦御差向、実地測量可相成に付、卑官義、該軍艦に乗込み、実地の形況を検し復命可致旨、内務省より内達有之候に付、該船出発之期限相伺候処、来明治19年1月中、鹿児島県は大東島より御着手之趣に居ること。然る上は該船東京出発に先ち、本県へ御通報相願置き、予め大東島へ出張致し度く、其期を誤らざる様致

度く、本県は内地各県と違ひ、電報等の便無之。又大島へ向け出張するも、便船を持つに非らざれば、不相成候義に付、右時留を積り、凡そ四十日前御通報相成度、此段予め相伺置度候条、何分之御指揮相成度候也。
　明治18年7月17日
　　　　　沖縄県大書記官森長義
　　　海軍卿伯爵川村純義殿

史料5
海軍省水路局長　1885年7月24日（C11019493400の1〜2）

水第345号の2
明治18年7月24日
　　　　　主務　水路局長　印　　主査　印
　卿　印　　輔　印　　　総務局副長　印　　審査　印

沖縄県下接近之無人島大東島へ軍艦御差向実測可相成に付、同県大書記官、該艦へ乗組、実地之形況を検度云々に付、別紙普第1910号御下付相成敬承仕度。右は明19年1、2月頃より艦船江当局員為乗組、鹿児島県下大島実測為致度に付、追而上申之節、御許可相成儀に候はば左案之通り沖縄県へ御指令相成度、仰高裁候也。

沖縄県へ御指令案
　鹿児島県下大島へ軍艦派遣為致候節は伺之通、凡四拾日間前に通知可致候条、其旨可相心得事
明治18年8月4日

史料6
大東島巡視済の儀に付上申　西村捨三　1885年9月3日　(C11019564600)

大東島巡視済の儀に付上申
　無人島大東島巡視取調致すべき御内命を蒙候に付、先般在京森・本県大書記官伺定の条目に基き、本県五等属・石沢兵吾外5名、雇汽船出雲丸に乗組せ、該島へ出張せしめ、実地取調為致候処、弥よ〔大きな〕無人島に有之候。其実地の景況は取調日数浅きが故に、唯概略に止る儀には候得共、復命書并出雲丸船長・林鶴松より差出候別冊に依り、先其大体を明悉候。即ち伺定条目中、第四条に基き、我沖縄県の管轄に組込、国標を建設致候。尤も詳細の取調は来る明治19年1月軍艦御派出之節、尚主任を遣し実際の景況並に意見可及開申候条、不取敢、本件御聞置相成度、此段上申候也。

　　明治18年9月3日　　　沖縄県令西村捨三
　　　内務卿伯爵山県有朋殿

追て甚粗製には候得共、為御参考、該島写真六葉相添申候也

史料7
大東島巡視済の儀に付内申　山県有朋　1885年9月26日　江崎達雄
『大東島誌』（百瀬孝『史料検証　日本の領土』　58頁）

秘第94号
大東島巡視済の儀に付内申
大東島巡視済の儀に付、別紙写の通、沖縄県令西村捨三より致上申候間、為御参考供瀏覧候、此段及内申候也。
　明治18年9月26日　　内務卿伯爵山県有朋
　　　太政大臣公爵三条実美殿

史料8
久米赤島、久場島、魚釣島の三島取調書　石沢兵吾　1885年9月21日
(B03041152300の8～10)

右三島の景況取調べきの命に依り概略左に開陳す。
右三島は沖縄と清国福州との間に散在せる無人島なる由は、一般言う所にして、本県人も往々之に渡りたる事ありと言ふは、古来流布の説なれども、書に就きて詳悉し得るものなし。然るに目下、美里間切詰山方筆者を奉職せる大城永保なる者は、廃藩前、公私の用を帯て屡清国へ渡航せし節、親しく目撃せし趣、曽て小官に語れり。因て猶親しく本人に就き取調ぶるに、概ね左の如し。
一　久米赤島
　此島は久米島より未申の方、大凡七十里を距てあり。清国福州を去る或は二百里に近からん歟。（兵吾按ずるに里程は古来唱ふる所と現今言ふ所大に差あり。仮令ば那覇の如き、薩摩を去る三百里と云べしも、今は百八十里余とす。故に本文の里程は此割合を以て見るを大過なしとせん歟）
　山嶽屹立して平坦の地なり。頂上は高くして久米島に譲らざるべく、島の長さは大凡弐十七、八町、幅十七、八町もあらん。土質は赤土なるべく、「コバ」樹の繁茂を見れども、他に良材と流水のあるを見ず。此島に近よりしは南方凡壱里半と覚へしも、沿岸碇泊の便なきが如し。唯海禽の糞積て堆きを認めしのみ。
一　久場島
　此島は久米島より午未の方、大凡百里を距て、八重山島の内、石垣島に近接せる大凡六十里余に位する島にして、長さ三十壱、弐町、幅十七、八町あるべく。山嶽、植物、地形、沿岸、共に久米赤島に彷彿たりと見認たるを以て別に記する事なし。鳥糞なしと見たるの異なるのみ。而して之に接近せしは其南方凡二里とす。
一　魚釣島
　此島の方位も久場島と同一にして、只十里程遠し。延長は凡二里の一里位とす。一回は此島の北方に於て大凡弐十五、六町を隔て見、一回は其

南方航海の節、帆船の順風を失したるを以て、六時間程寄港したれば、本船の伝馬に乗し、極て岸に接近したれども、無人島なれば、内部何等の動物棲息するやも難計に付、敢て上陸は為さざりしなり。先づ此島の嶽山高き所は久米島に劣らざるべしと雖ども、西南二方の海岸は稍や険峭なり。東北の二方は白浜あり。延て平坦なる曠野あるのみならず、沖縄本島の如く、松植及其他の雑木頗る繁茂し、且つ山中瀑布の落るを見たり。又陸は野禽に富み、岸は海禽に富む。沿海は鮫、鱶、其他の鱗族最も多し。是れ洵に農漁業共に営むに充分適当の島なるべし。
以上、大城永保が目撃せし儘を聞書せしものなり。同人が右三島を見たるは安政六未年〔1859年〕を以て始とし、爾後三、四年の間、年々渡清の帰路、二、三度見たりと云ふ。
右三島の名称は従来、沖縄諸島咸唱ふる所とす。今之を英国出版の本邦と台湾間の海図に照らすに、久米赤島は彼 Sia u see、久場島は彼 Pinnacle、魚釣島は彼 Hoa-pin-see に相当り、中山伝信録の赤尾嶼は久米赤島、黄尾嶼は久場島、釣魚台は魚釣島に相当すべき歟。大城永保が説に據り、今仮に琉球新誌〔大槻文彦著、1873年6月出版〕の図中に入れ、以て其位置の概略を記す。固より配置大小共に其当を得ざるものとす。閣下の洞察を煩はすを得ば、幸甚し、乃ち謹で高覧に供す。頓首再拝
　　明治18年9月21日
　　　　　　　　五等属石沢兵吾
　　沖縄県令西村捨三殿閣下

史料9
久米赤島外二島取調の儀に付き上申　西村捨三　1885年9月22日
（B03041152300の7）

第315号
　久米赤島外二島取調の儀に付き上申
本県と清国福州間に散在せる無人島取調之義に付、先般在京森本県大書記

官ヘ御内命相成候趣に依り、取調致候処、概略別紙の通〔前日提出の石沢兵吾「久米赤島久場島魚釣島之三島取調書」〕に有之候。抑も久米赤島、久場島、及魚釣島は古来本県に於て称する所の名にして、而も本県所轄の久米、宮古、八重山等の群島に接近したる無人の島嶼に付、沖縄県下に属せらるるも敢て故障有之間敷と被存候得共、過日御届及候大東島（本県と小笠原島の間にあり）とは地勢相違、中山伝信録に記載せる釣魚台、黄尾嶼、赤尾嶼と同一なるものに無之哉の疑なき能はず。果して同一なるときは、既に清国も旧中山王を冊封する使船の詳悉せるのみならず、夫々名称をも附し、琉球航海の目標と為せし事明らかなり。依て今回、大東島同様、踏査直に国標取建候も如何と懸念仕候間、来十月中旬、両先島へ向け出帆の雇汽船出雲丸の帰便を以て不取敢実地踏査、可及御届候条、国標取建等の義、尚御指揮を請度、此段兼て上申候也

　明治18年9月22日　　　沖縄県令西村捨三
　内務卿伯爵山県有朋殿

史料10
山県有朋内務卿より井上馨外務卿宛照会　1885年10月9日
（B03041152300の5）

官房　甲第38号
沖縄県と清国との間に散在せる無人島取調の義に付、別紙甲号の通、同県令より上申候に付、即ち別紙乙号の如く其筋へ相伺度存候。就ては御意見承知致度、此段及御照会候也
　明治18年10月9日
　　　　　　　　内務卿伯爵　　山県有朋
　外務卿伯爵　井上馨殿

　追て別紙取調書類は副書無之に付、御回答の節、御返付相成度候也

史料11
別紙乙号　太政官上申案　山県有朋　（B03041152300 の 6）

沖縄県と清国福州との間に散在せる無人島久米赤島外二島取調之義に付、別紙之通、同県令より上申侯処、右諸島の義は中山伝信録に記載せる島嶼と同一の如く侯へ共、只針路の方向を取りたる迄にて、別に清国所属の證跡は少しも相見へ不申。且つ名称の如きは我と彼と各其唱ふる所を異にし、沖縄所轄の宮古、八重山等に接近したる無人の島嶼に有之候へば、同県に於て実地踏査の上、国標取建候義、差支無之と相考候間、至急何分之御詮議相成候様致度、別紙相添、此段相伺候也
　　　　　　　　　内務卿
　　太政大臣宛

史料12
手書きメモ（筆者は浅田徳則公信局長か）　（B03041152300 の 3）

近時清国の新聞に我政府は清国に属する台湾地方の島嶼を占拠せし様の風評を掲げ、清政府の注意を喚起せしことあり。故に此際蕞爾たる〔非常に小さな〕一小嶼には暫時は着分不相応こと、不要のコンプリケーションを避くること、好政策なるべし、相乞次第哉

史料13
井上馨外務卿より山県有朋内務卿宛　1885年10月21日　（B03041152300 の 13〜14）

親展第38号
　内務卿伯爵山県有朋殿　外務卿伯爵井上馨
沖縄県と清国福州との間に散在せる無人島、久米赤島外二島、沖縄県に於

て実地踏査の上、国標建設の儀、本月九日附甲第三十八号を以て御協議の趣、致熟考候処、右島嶼の儀は清国々境にも接近致候、曩に踏査を遂げ候大東島に比すれば、周回も小さき趣に相見へ。殊に清国には其島名も附し有之候に就ては、近時清国新聞紙等にも、我政府に於て台湾近傍、清国所属の島嶼を占拠せし等の風説を掲載し、我国に対して猜疑を抱き、頻に清政府の注意を促し候ものも有之候様に付、此際遽に公然国標を建設する等の処置有之候ては、清国の疑惑を招き候間、差向実地を踏査せしめ、港湾の形状并に土地物産開拓見込有無等、詳細報告せしむるのみに止め、国標を建て開拓等に着手するは、他日の機会に譲候方、可然存候。且曩に踏査せし大東島の事并に今回踏査の事共、官報并に新聞紙に掲載不相成候方、可然存候間、夫々御注意相成置候様致度候。右回答旁、拙官意見申進候也。

史料 14
魚釣、久場、久米赤島回航報告書　林鶴松　1885 年 11 月 2 日
（A03022910000 の 11〜15　B03041152300 の 24〜27）

別冊魚釣、久場、久米赤島回航報告書進達仕候也
　　明治 18 年 11 月 2 日
　　　　　　　　　　出雲丸船長
　　　　　　　　　　　林　　鶴松

沖縄県大書記官　森長義殿

　　　　　　　日本郵船会社出雲丸船長
　　　　　　　　　　　林　　鶴松

魚釣、久場、久米赤島回航報告書
　右諸島は屡々外船も往航し、其の景状は諸海路誌に詳悉せるを以て、今ま特に報告を要するものなし。請ふ左に海路誌の記する処の要旨と聊か実地験歴せしところを挙げん。

本船は初め魚釣島の西岸に航着し、其の沿岸三、四「ケーブル」の地に屡々測鉛を試みたるに、海底極めて深く、且つ其の浅深一ならず。四十乃至五十尋(ひろ)にして更に投錨す可き地あるを見ず。

　魚釣群島は一島六礁から成り、其の最大なるものは魚釣島にして、六礁は其の西岸凡そ五、六里内に併列し、礁脈の水面下に連絡するが如く。六礁の大なるものを「ピンナックル」礁と称し、其の形状絶奇にして円錐形を為し、空中に突出せり。右「ピンナックル」と本島間の海峡は、深さ十二、三尋にして、自在に通航するを得。唯潮流の極めて速かなるを以て、恐くは帆船の能く通過す可き処に非ず。

　魚釣島の西北西岸は峻岸屹立し、其高さ千百八十尺にして、漸く其の東岸に傾下し、遠く之を望めば、水面上に直角三角形を為せり。本島は極めて清水に富み、其の東岸清流の横流するを認めたり。海路誌に據れば其の沿岸に川魚の住するを見たりと。本島は那覇河口三重城を距る、西七度南、二百三十海里に在り。

　久場島は魚釣島の北東十六海里に在り。海中に屹立して沿岸皆な六十尺に内外し、其の絶頂は六百尺なり。本島も魚釣島に同じく、更に船舶を寄泊すべきの地なし。

　右二島は共に皆な石灰石に成り、暖地普通樹草の石間に茂生するも、嘗て有用の材梁なく、其の魚釣島の各礁の如きは僅かに海草の繁茂するのみ、更に樹木あるを見ず。特に海島〔鳥〕の群集するは各礁島極めて夥しく、魚釣島の如きその清流に富むも、其の地味恐くは人住に適するものに非らず。要するに右諸島は天の海鳥に其の住所を賦與したるものと謂ふも可なり。

　本船は久場島より慶良間峡に直航せしを以て、途上久米赤島を認めんと欲し、之に接航せしも適ず。夜半之を航過し、当時殊に曇天暗黒にして、之を実験するを得ざりしは誠に遺憾なり。海路誌に據れば、本島は一岩礁に過ぎずして、其の位地、東径百廿四度卅四分、北緯廿五度五十五分、即ち那覇三重城を距る西六度南、百七十海里にして、四面峻岸屹立して、其の高さ二百七十尺。遠く之を望めば日本形船の装帆せしに異ならずと。本島は外船も屡々之を認めたるも、其の位地を報する各々異なり。蓋し其の

1885年の沖縄県近海無人島巡視取調関係文書 …… 155

黒潮の中流に孤立せるを以て、各船皆な其の推測を異にしたるや必せり。

史料15
魚釣島外二島巡視取調概略　石沢兵吾　1885年11月4日
（A03022910000の4～10　B03041152300の18～23）

魚釣島外二島巡視取調概略

　魚釣島、久場島及久米赤島実地視察の御内命を奉し、去10月22日、本県雇汽船出雲丸に乗組、宮古、石垣、入表諸島を経て、本月1日、無恙（つつがなく）同行の十等属久留彦八、警部補神尾直敏、御用掛藤田千次、巡査伊東祐一、同柳田弥一郎と共に帰港せり。依而該視察に係る取調概略、左に開陳す。

　魚釣島

　10月29日午後第4時、入表島船浮港抜錨。針を西北に取り進航し、翌30日午前4時過、東雲棚引て旭未だ出でず（しののめたなびい）、船室は尚黒白を弁ぜざれども、濤波は残月の為に明光を放つの際、本船の前面数海里の隔に於て、屹焉として聳たるものあり。是則ち魚釣島なり。

　同8時、端艇に乗し其西岸に上陸して周囲及内部を踏査せんと欲すれども、頗る峻阪なるを以て容易に登ること能はず。沿岸は又巨岩大石縦横にあり、且つ往々潮水の岩窟に注ぎ入るありて歩行自由ならず。故に漸く其南西の海浜を跋渉して全島を相するに、此島嶼の周囲は恐く三里を超へざるべし。而して内部は巨大の岩石より成立。満面「コバ」樹、阿旦、榕、籐等、大東島の如く。沖縄本島と同種の雑草木を以て蔽し、間々渓間より清水流るとも、其量多からず。平原なきを以て耕地に乏し。浜海、水族に富むを認むれども、前顕の地勢なるが故に、目下農漁の両業を営むに便ならず。然れども其土石を察するに、稍や入表群島中、内離島（うちばなりじま）の組織に類して、只石層の大なるを覚ふるのみ。依是考之ば（これより）、或は煤炭又鉄鉱を包合せしものにあらざる乎。若し果して之あるに於ては誠に貴重の島嶼と言はざるべからず。御参考として携帯せし二、三の石類に説明を附し、左に列記す。

第一　是は赤砂状の土中に著しき層を成したるもの也
第二　是は渣滓状の石層中、所々に粘着せるもの也
第三　是は砂より変性せし巨大の石層中に粘着せるものなり
第四　是は石花石なり。此類最も海浜に多し。各種あり。就中色鮮明なるを撰びしなり
第五　是は軽石なれば無論火山性のものとす。然れども此は他より漂着せしものと察せられ、数甚だ僅々なればなり
第六　是は船釘なり。何時か船舶の漂流して、木材は既に朽ち釘のみ残りたるものと見へ、今は酸化して海浜の岩石に凝結す。其数甚だ多し。亦怪むべし

　該島は本邦と清国との間に散在せるを以て、所謂日本支那海の航路なり。故に今も各種の漂流物あり。則ち小官等の目撃せし物は、或は琉球船と覚しき船板帆檣、或は竹木、或は海綿漁具（竹にて製したる浮様のものを云う）等是なり。就中最も目新しく感じたるは長二間半許幅四尺許の伝馬船の漂着せしものなり。形甚だ奇にして、曽て見聞せざるものなれば、之を出雲九乗組人に問うに、曰く支那の通船なり、と答へり。

　島地素より人蹟無し。樹本は前陳の如く繁茂なれども、大木は更になし。野禽には鴉、鷹、（白露の候なれば本島と同じく渡りたるものと見ゆ）鶯、鴨、目白、鳩等にして、海禽の最も多きは信天翁とす。此鳥、魚釣島の西南、浜少く白砂を吹寄せたる渓間に至るの間、地色を見ざるまでに群集す。実に数万を以て算すべく。而して皆砂或は草葉を集めて巣となし、雌は卵を抱き、雄は之を保護し、又養ふが如し。此鳥、和訓アホウドリ又トウクロウ又バカドリ等の名あり。素より無人島に棲息せるを以て、曽て人を恐れず。小官等共に語て曰く。人を恐れざれば宜く生捕となすべしと。各先を争ふて進み、其頸を握る、太だ容易なり。或は両手に攫し、或は翅を結て足を縛するあり。或は右手に三羽、左手に二羽を攫て、以て揚々得色、或は卵を拾ふ等、各自思々に生捕或は撲殺、射殺、拾卵等、我を忘れて為せども、更に飛去することなければ暫時数十羽、数百卵を得たり。則ち携帯し以て高覧に供せしもの是なり。此鳥、海禽中最も大なるものにして、量大凡拾斤に内外す。嗅気あれども肉は食料に適すと云。今書に就き調ぶる

にDiomedea属にして英語のalbatrossと称するものなるべし。蝙蝠の大なる者は大東島等に均しく棲息すと想像すれども、獣類は別に居らざるべし。

　此島は曩に大城永保に就き取調、今実地踏査の上、猶英国出版の日本台湾間の海図に照らすに彼のHoa pin su（ホアピンシュ）なる者に相当する。而して入表群島中、外離島（そとばなりじま）西端より八十三海里とす。故に台湾の東北端を去る大凡百海里餘、東沙島を東に去る大凡二百十四海里餘なるべし。其Tia u su（シアユシュ）を以て久米赤島に当てたるは全く誤にて、久米赤島はRaleigh Rock（ラレーロック）に当り、一礁なるのみ。Pinnacle（ピンナックル）を以て久場島に当たるも、亦誤にて「ピンナックル」なる語は頂と云う義にして、魚釣群島中、六礁の最も屹立せしを言うものなり。依て彼是其誤を正さんに魚釣島はHoa pin su（ホアピンシュ）、久場島はTia u su（シアユシュ）、久米赤島はRaleigh Rock（ラレーロック）なるべし。

　余は石垣島より鶏一番を携帯して魚釣島に放ち、以て将来の繁殖否を試む。復他日の證（つがい）を残さんと欲するのみ。

久場島　附久米赤島

　同日午後2時、魚釣島を謝し、久場島に向て進航。暫くして其沿岸に接す。本島は魚釣島の東北十六海里を隔てあり。先づ上陸踏査せんと欲すれども、惜むらくは日は西山に落んとし、時恰も東北の風を起し倍す、強大ならんとす。素より港湾はなし。風を避くること能はず。随而端艇を下すことを得ず。乍遺憾傍観（いかんながら）に止む。依て先其形状を言はんに、山は魚釣島より卑（ひく）けれども、同じく巨岩大石より成立たる島にして、禽類・樹木も異なることなしと認めらるるなり。然れども少く小なるを以て、周囲恐く二里に満たざるべし。是より帰路、久米赤島を見んことを船長に約し進航せしに、風は愈（いよ）よ強きを加へ、夜は暗黒にして、終に瞭然見ること能はざりしは甚だ遺憾とす。然れども久米赤島は到底洋中の一礁に過ぎざれば農漁業を営み、或は将来植民等を為すの念はなかるべし。幸に自今後、先島航海の途次、穏波の節、実地の目撃を期するにある耳。

　以上我沖縄近海にして古来其在を見認て、未だ航海を為さず、他日植民すべきや否の考案を貯へ、今日に及びし島嶼は先般踏査を了せし南北大東島と共に五とす。故に遠略の御計画は先づ右にて一段落に似たりと雖ど

も、海軍水路局第十七号の海図に據れば、宮古島の南方大凡廿海里を隔ててイキマ島と称し、長さ凡五海里、巾二海里位にして、八重山の小浜島に近きものを載せて曰く「イビ」氏は此島の探索に力を尽せしが、遂に見得ざりしと云ふとあり。又英国出版の日本台湾間の海図にも Ikima (Daubtful) と記し以て其有無、疑の間に置けり。而して今回は八重山島に到り、土人の言ふ所に據れば、往昔波照間島の一村民、挙て其南方の一島嶼に移転せりと。其有無、判然せざれども、今に之を南波照間島と称して其子孫の連綿たる事を信じて疑はずと云ふ。以上の二島は他日御探求相成可然哉に奉存候。

　右、今回御内命に據り魚釣島外二島実地踏査の概略並に見取略図相添、謹而奉復命候、頓首再拝。
　　　明治 18 年 11 月 4 日　　　　沖縄県五等属石沢兵吾
　　　　　沖縄県令西村捨三殿代理
　　　　　　沖縄県大書記官森長義殿

史料 16
魚釣島外二島実施取調の義に付上申　森長義（西村捨三名義による）
1885 年 11 月 5 日　（B03041152300 の 32）

第 384 号
　魚釣島外二島実施取調の義に付上申
　本年 9 月、第 315 号〔9 月 22 日の西村捨三の上申を指す〕を以て、本県と清国福州間に散在せる無人島なる久米赤島、久場島、魚釣島の景況、聞取書を添へ、先以て実施視察可為致及上申置候に付、去 10 月 22 日、本県雇汽船出雲丸の先島航海帰路に於て、取調可致命を含め、本県五等属石沢兵吾外両、三名差遣し候処、別紙写之通、復命書并に出雲丸報告書差出候。
　依て熟考するに、最初清国と接近するの疑を抱き、何れに属するや否に到ては、甚だ不決断の語を添へ上申候得共、今回の復命及報告書に拠れば、勿論貴重の島嶼には無之候得共、地形より論ずるときは、即ち我八重

山群島の北西にして、与那国島より遥に東北に位すれば、本県の所轄と御決定相成可然哉に被考候。果して然ば大東島の例に倣へ、本県所轄の標札、魚釣島、久場島へ船便、都合を以て建設致可然哉。并に宮古島の南方に有之「イキマ」島及八重山属波照間島の南に有之南波照間島の有無共、雇汽船出雲丸の先島航の序を以て探究致可然哉。前顕両条何分の御指揮を仰度、此段上申候也。

　　明治18年11月5日
　　　　　　　　　沖縄県令西村捨三〔森長義が代理で書いたもの、西村は東京で受理したが、これを破棄、山県有朋に提出していない〕
　　　内務卿伯爵山県有朋殿

史料 17
沖縄県令建議　西村捨三　1885年11月16日　（A03022953000の1〜4）

内閣諸公の内、該県下巡視及び電信線架設等を希望するの議

　沖縄県治の義に付ては昨年来、種々仁恵の特典御施行相成、寛厚の朝旨浹〔あまね〕く貫徹いたし、沖縄地方空前絶後、今日の如き康楽は復た有之間敷、鼓腹安堵、今更何の申分も無之、一同悦腹候姿に有之。
　且今夏〔今冬が正しい。2月25日　史料26〕中、県治前途の方案伺出候処、夫々御指揮之旨も有之。内部の義は先一段落の場合に立至り候得共、何分清国との関係全く不相絶、復旧云々の妄想は匹夫匹婦に至る迄、依然包蔵の情勢にて、毎々上申仕候通、漂流人又は脱清人等、帰琉の節は福建衙門より旧に依り中山王尚宛の咨文下附、并に光緒暦頒布等、吾邦廃置之処分は公認不致姿た。随て一般人民も半信半疑の間に彷徨いたし。加之、近況英露関係等より御命令の次第も有之。一ト通り南部諸島〔先島諸島のこと〕取締に及候共、船艦繋泊、石炭産出の場所柄も有之。兎角に炎洋激浪間、手の廻り無候遠々地、夫是掛念不鮮。且近日清国に於ても海軍振張之景況に付、万一日本海巡邏之序、沖縄地方に碇泊いたし、彼は依然所属の国柄

と認め、諸般自儘の進退致し、土民は慕旧の念より来往歓遇候様の義出来候へば、取扱上如何様之葛藤を醸成候哉も不被相計。
　何分公然御談判済不相成琉按、彼此猜疑、東方の妖雲は今尚ほ靉靆〔あいたい〕たる場所柄にして、廃置以来、当路の顕官来往視察の挙も無之。今日に至るも、電信架設の場合にも不立至。仮令内部は稍々安堵の形状を表するも、外部不慮の掛引上、爾後如何可有之哉と杞憂の至に不堪。
　抑も大島以南二百五六十里間、無慮〔おおよそ〕数十の島嶼、人口亦五十万に及候旧琉球群島、況んや東洋多事の今日、殊に清国との関係、不相絶地方に付、何卒此際、内閣諸公の御内にて一度御巡回、地理、風俗等親しく御視察、前途の御方策一定引続き電信架設、不慮の掛引十分出来候様、御仕向け無之ては、乍恐〔おそれながら〕御安心の御場合とは難申。必竟御国務上無余義次第と被存候条、何卒内閣諸公の御巡視、且電信架設の両条、宜敷御詮議御坐候様、希望の至に不堪。此段建言仕候也。
　　　明治 18 年 11 月 16 日
　　　　　　　沖縄県令西村捨三
　　太政大臣公爵三条実美殿

史料 18
魚釣島鉱石之義に付上申　　森長義〔西村捨三名義〕　1885 年 11 月 21 日
（A03022910000 の 16）

第 407 号
魚釣島鉱石之義に付上申
　本月 5 日付を以て魚釣島外二島取調の義に付及、上申候付属書類復命書中に、煤炭又は鉄鉱無之哉云々疑団申述、其後金石学者本県三等教諭小林義忠をして分析せしめ候処、別紙の通、製鉄用に足るべき旨の成績書を添上申致候。右は素より細密の試験には無之候得共、先其定性を認知し得られ候義と存候間、不取敢書類相添、為御参考、更に此段上申候也。
　　　明治 18 年 11 月 21 日　　　　沖縄県令西村捨三

内務卿伯爵山県有朋殿

〔この上申は西村捨三の名義になっているが、書いたのは当時、県大書記官で県令代理であった森長義である。それは石沢兵吾が前日（11月20日）に書いた「魚釣島鉱石之義に付上申」（A03022910000の17～18）の提出先が「沖縄県令西村捨三代理　沖縄県大書記官森長義殿」となっていることからも明白である。

注目すべきは当時、上京していた西村捨三は那覇から届いた「魚釣島鉱石之義に付上申」をそのまま山県有朋に提出し、山県は12月16日に「秘第260号の内　魚釣島鉱石の儀に付内申」（A03022910000の15）という文書を付して三条実美太政大臣に提出していることである。それに引き換え、11月5日の西村捨三名義の上申（史料15）は西村の意向を無視した内容であったが故に内務省に提出されなかったのである。〕

史料19
西村捨三より山県有朋宛書面伺　1885年11月24日　（B03041152300の17）

管下無人島の儀に付、兼て御下命の次第も有之、取調為致候処、今般別紙の通、復命書差出候。該島国標建設の儀は嘗て伺置候通、清国と関係なきにしもあらず。万一不都合を生じ候ては不相済候に付、如何取計可然哉、至急何分の御指揮奉仰候也。
　　明治18年11月24日　　沖縄県令西村捨三
　内務卿伯爵山県有朋殿

〔なお内閣書記官長が12月8日に発した回覧文書「沖縄県と清国福州との間に散在する無人島へ国標建設の件」（A03022910000の3）においては、宛て先が外務卿伯爵井上馨、内務卿伯爵山県有朋の両名が併記されて収められており、西村は同一書簡を井上外務卿にも発していたものと思われる〕

史料 20
内申案及び指令案　白根専一　1885 年 11 月 27 日　（B03041152300 の 37）

明治 18 年 11 月 27 日　　総務局次長白根専一花押
卿　有朋　　官房長　久保田
　輔　芳川
　　　総務局長
　　　　　第一部　野上　岩野　緒方

　無人島国標建設之義に付伺
　　　　　　　　　　沖縄県
左案の通、夫々御処分相成度伺候也

太政官へ御内申案
　沖縄県と清国福州との間に散在せる魚釣島外二島踏査の義に付、別紙写の通、同県令より上申候処、国標建設の義は清国に交渉し、彼是都合も有之候に付、目下見合せ候方、可然と相考候間、外務卿と協議の上、其旨同県へ致指令候条、此段及内申候也。
　　　　　　　　　卿
　　太政大臣殿

御指令案
　書面伺の趣、目下建設を要せざる義と可心得事
　　　　　　　外務卿
　　　　　　　内務卿

史料 21
山県有朋より井上馨宛照会　1885年11月30日　（B03041152300の18）

秘第218号の2
　別紙之通、無人島ヘ国標建設之儀ニ付、沖縄県令より伺出候処、右は予め御意見の趣も有之候ニ付、左案之通及指令度候。該案朱書登載、且御捺印之上、付属書類共、御返却相成度、此段及御照会候也。
　　明治18年11月30日　　内務卿伯爵山県有朋
　　　　外務卿伯爵井上馨殿
　　指令案
書面伺之趣、目下建設を要せざる儀と可心得事
　　年　　月　　日　　　　　両卿

史料 22
井上馨より山県有朋宛回答　親展　1885年12月4日　（B03041152300の28）

明治18年12月1日起草　　同年12月4日発遣
親展第42号
内務卿伯爵山県有朋殿　　　外務卿伯爵井上馨
沖縄県下無人島ヘ国標建設の儀ニ付、沖縄県令より伺出ニ対する指令の義ニ関し、去る11月30日附を以て、右御指令案相添、御照会の趣、致承知候。右は当省ニ於ても御同見ニ候間、別紙伺書ニ該案指令文記載、且捺印の上、附属書類共及御還付候也。

史料 23
無人島へ国標建設の儀に付内申　山県有朋　1885 年 12 月 5 日
（A03022910000 の 2）

秘第 128 号の内
無人島へ国標建設の儀に付内申
沖縄県と清国福州との間に散在せる魚釣島外二島、踏査の儀に付、別紙写の通、同県令より上申候処、国標建設の儀は清国に交渉し、彼是都合も有之候に付、目下見合わせ候方、可然と相考候間、外務卿と協議の上、其旨同県へ致指令候条、此段及内申候也。
　　明治 18 年 12 月 5 日　　　内務卿伯爵山県有朋
　　　　太政大臣公爵三条実美殿

史料 24
内務省内申　内閣書記官長　1885 年 12 月 8 日　（A03022910000 の 1）

内務省内申
沖縄県と清国福州との間に散在する無人島へ国標建設の儀に付、沖縄県へ指令の件、右御回覧候也。
　　明治 18 年 12 月 8 日
　　　　太政大臣公爵三条実美殿
　　　　左大臣熾仁親王殿
　　　　参議伯爵大木喬任殿
　　　　参議伯爵伊藤博文殿
　　　　参議伯爵山県有朋殿
　　　　参議伯爵西郷従道殿
　　　　参議伯爵川村純義殿
　　　　参議伯爵井上馨殿
　　　　参議伯爵山田顕義殿

参議伯爵松方正義殿
参議伯爵大山巖殿
参議子爵福岡孝弟殿
参議伯爵佐々木高行殿

西村捨三の沖縄県県治の方策関係史料

史料 25
脱清人処分の儀に付伺　西村捨三　1884年12月20日　（A07090101200 の 19～22）、単行書・参事院内務部指令公文録（国立公文書館）（琉球政府編『沖縄県史』第13巻、270～2頁）

秘第37号
　脱清人処分の義に付伺
当県裁判事務に於ける旧藩法参用之義は前県令鍋島直彬在職中、別紙第1号之通申立、右に依準、取計来り。尚今春第2号之通、司法卿へ伺出候処云々御指令之旨も有之、且（右に付尚伺出中なり）本伺は外交上にも関係有之哉に付、更に今回旧藩法参用之義に付、伺出候。右は当県士民脱清者取締之一事にて、旧藩中、別紙第3号之通、無手形にて他領へ（爾時、日清朝鮮等を指すなり）渡航之者は寺入500日、便船は官没致候慣行に有之候処、置県以来、緩弛に流れ、既に外務省より外国渡航免状下付相成有之候得共、一向無其詮、無願無手形にて自由来往。其旨趣たる本国復旧、御救ひ歎願等、以て外なる精神に有之。依て今回旧藩刑律に依準、他領無手形渡海之旧律参用、該範囲内にて事情之軽重参酌、適宜処分仕度。
抑本県脱清者取締之義は大体上、一日も難指置次第にて、別紙第4号之通、明治9年来、十数百人頻々来往、其主意たる前行申述候復旧主義に外ならず。概ね口実とする所は日本国暴力を以て吾社稷を横奪し、国王を東京へ拘擒し（別紙第5号今回旧藩王帰省御暇50日延期願いに付、事情探偵せしもの）万民塗炭に苦しみ云々申立（清国にては右者等を目して陳情陪臣と云ふ）に及び、北京、上海、福建等各処に散在、彼此声甚相通じ、帰琉之節は、北京総理衙門之評議は云々、李中堂〔李鴻章〕之考意は云々、福建衙門之定論は如此、伊梨〔犁〕等の事件相済まば、直に琉案〔琉球帰属問題〕談判に可

成之処、李中堂之喪中、引続き安南〔ベトナム〕事件にて遅延せしなれども、最早追々鎮静に付、不日御救ひ来るべし（別紙第6号今回帰琉者有之後の風説書之通）等、喋々流言、民心を蠱惑し、甚敷は先日、有栖川宮御来琉之節、那覇南面所謂支那口、慶良間島之方面より御入津相成候処、久米村人（閩の三十六姓）は支那軍艦来渡、御救ひの為めならんなど抔申立、波戸場に出向候様の頑情有之候姿にて、加之当方にては僅々の船賃相払、渡清之上は陳情者及び漂流人共に相応の取扱相受け（別紙第10号参照）衣食に困難は無之趣、帰路亦依例相応の救恤相受、其上今に福建衙門より中山王尚当て之咨文持参、或は来往之序に物品携帯、内々売買、旅費之補助候哉にて、帰琉之節は、吾々は慷慨憂国の余り一身を擲ち、万里の波濤を侵し、脱清せし本国有志之者共なりと云ふ如き形状にて、意気揚々、恰も戦勝凱旋せしが如く、復旧歎願は吾政府にて黙許、自由に附し足る如く。

然り如是時勢不通之頑物等、本来無智蒙昧之士民に対し、種々無限之取沙汰に及び、政府寛仁之御処分は全く支那に対し畏憚之余りに出たる施為也云々等申唱へ、其都度民心を変動し、折角之特恩も猶、無底嚢に物を入るるが如き之観なきにあらず。

春来、士民夫々恩典も有之。加之尚氏父子帰省、県治飽まで遵奉、心得違無之様、再三説諭も致し、旧日紛々之情況は一掃、目下至極静謐に候得共、何分前行脱清帰琉者之取締無之ては、士民之疑惑、無際限、前途施政之碍礙、相絶申間敷。

元来、明治12年来、脱清帰琉之節は拘留取調に及びたれども、結局裁制力無之により、昨年、岩村前県令出京之節、乞廟議候処、別紙第7号通之次第にて一同寛放候より、別紙第8号探偵之通、此亦支那を畏憚云々等、以之外なる取沙汰に及び候次第。然るに去11月、数名渡清之企有之より、第9号之通、取調べ及候際、同月30日、30名余帰琉之者有之。別紙第10号之通、今回は屹度取調及候、然るに何分、当県頑民渡清之挙動は刑法に照すも、内乱に関し政府顛覆云々等之者にも無之。去迚外患に関し云々之者にも無之候得共、置県之大令を遵奉せず、自儘に他国之官衙に来往、自家之政府を誣告する（国王父子生擒、万民塗炭云々之如き）ものにて、万一清国其言を採り、琉案之談判相開き、和戦如何之場合に立至ると仮定

せば、其禍害豈(あに)内地、区々之国事犯と同日之看ならんや。既に如此不化之頑民を自由に附し置候ては、殆んど無政府と可謂也。乍去夫れが為め、刑法御手入も内外に対し、容易之義にも有(これありまじく)之間敷。

依て幸ひ旧藩科律、他領渡海之刑法を参用し、該範囲内にて相応之処分に及び、一方にては仮令貿易修行等之申立にても、平生之挙動怪敷者は十分に取調、容易に渡航不指許、又は漂流に托し候共、実際脱清之者は是亦厳重取糺之上、該法に処する等、作用上にて容易渡航相成兼候様、取締相付度。尤も旧藩科律に依て処分する時は、内外人の感覚上にも影況を来す様の事は毫も無之。惟是迄寛大之取扱をなしたるも、前陳之実況、万不得止より任放せざる迄之事にて、到底完全無欠之場合にも立至り申間敷候得共、現状に比すれば十分之取締相付可申候。即今取扱上指迫(さしせま)り候に付、至急何分之御評議、御指揮可被成下候。其為め当県警部長猪鹿倉兼文、■と出京為仕候、委曲は同人より御聞取被下度候也。

　　明治17年12月20日　　　沖縄県令　西村捨三
　　　外務卿　井上馨殿
　　　内務卿　山県有朋殿
　　　司法卿　山田顕義殿

尚々旧藩中は年々渡清之船も一定候処、近来は頻に脱清、随で舟路に熟し、風力見計ひ三、四日にて渡航、一向危険之虞無之、隣家来往之如き心得に成行、是亦旧藩中とは事情相変候一端にて、既に鹿児島来往の如きも、旧時は日本形船にては年々一往復候迄の処、近来蒸気船は別段、西洋風帆船の如きも月々両度往復候事も有之候。此辺之事情も御指含、何分取締相付候様、御評議被下度候也。

史料26
沖縄県県治方向ノ件　西村捨三　1885年2月25日　（A03022939700の3～11）　公文別録・府県・明治十八年・第一巻・明治十八年

参事院秘第十七号

当県之義は風俗、民情、特異之殊域にして、廃置〔廃藩置県〕之事情、亦内地と同じからざるを以て、去る12〔1879年〕年中、松田処分官より別紙第一号之通（前略）理勢不得已、遂に今般の御処分に相成たるなり。然れども旧藩王の身上及び一家一族に於ては優待の御処分を以て、将来安堵せしめ、且、士族一般の身上、家禄、財産、営業等の上に於ても苛察の御処分無之。勉めて旧来の慣行に従ふの御主意なるのみならず、却て旧藩政中、苛酷の所為又は租税諸上納物等の重歛なるものは追て御詮議の上、相当寛減の御沙汰、可有之付云々、布達及びたるにより、爾時（このとき）士民惶惑、物情騒然たりしも、先づ鎮静に相帰し、尚泰応命上京相成候次第にて、該布達は今尚本県士民一般之脳髄に銘し。此旨趣に支吾（くいちがい）〔行き違う〕致候施為有之節は頗る疑惑百般の県治を信憑せざる如き之観有之候。然る処、置県後、再四県令之交替、随（つい）で書記官、属官等十六年中に至るまで無慮〔おおよそ〕三百六十八名の転免有之。

其施政之方向も一緩一急、定度なきが如く。其一、二を挙ぐれば、或は那覇各村に於て養豚、畜犬を禁じ、或は那覇港湾に於て従来禁じ有る新地埋立を許し、又は衆庶尊信の天妃宮を廃し、参拝する能はざらしめ、又は尚氏の私有に属する可き土地家屋を恣に任用し、或は取毀を為す如き、大に民情に不適。又一方には士族禄制取調之違差を初め、士民財産に関する事柄にして、旧藩引続事務之不整理、不穏当なるもの比々有之、遽（しきり）に愁訴嘆願に及び、彼に此に苦情百出紛紜、難底止之形状に立ち至り候際、廃置之大令に徹底不服を抱き候按司親方（あじおえーかた）分を初めとし、別紙第二号表之通、無慮百十数名前後、国慮をも不顧、比々脱清、清国政府へ嘆願。

其口実とする所は、日本暴力を以て吾琉球を横奪し、国王父子を生擒し、万民塗炭に苦み候に付、早々御救援下度たしとの旨趣に不外。

然して此者共頻々来往周旋するも一時の取調説得に止り、何等之裁制力なきを以て、虚構百端、北京之評議は如此、李中堂〔李鴻章〕之考案は如此、福建には問罪之軍備整ひたり、不日（ひならずして）談判、日本征討之挙あるべし等、百万人心を蠱惑候より。固（もとよ）り一方は天上之国と尊敬欽慕せる支那国にして、置県の大令に陽服陰背、其他新政に不服を抱き候士民共、頗る不穏之形政に立至り。15年秋冬よりして16年春夏之交までは民心全く離背すと云ふと雖も誣言にあらざるが如く然り。

爾時、検査院長岩村通俊、政府之特命相帯、本県に出張。各地巡回民情如何を視察し、御委任条件により旧慣を斟酌し、県治施行上、事の軽きものは、或は修正、或は取消之処分に及び、事の重きものは上京経裁の場合に立至り。一時之機宜に適し候様被存。
　遂に本県令兼任、夫々伺出之際、小官更任。昨春赴任。旧藩不動産之区別下渡し有禄士族之禄制（金禄据置の如きは大に士族の安堵を支へたり）、無禄士族之心付に当る下賜金、社寺之修繕役俸其他買上糖之増金（買上糖之如きは旧藩中、財政困難の際、買上の名を仮り、無名の重斂に及びたるもの也）等、士民共第一人気に関する財産上に付、可引直ものは引直し、可与ものは与へられ、可恕ものは恕せられ、於是乎積日之愁苦一掃せられしが如きも、元来陽服陰背之士民共に付、彼脱清者又は黒党と称する激烈なる復旧党等、吾政府寛仁之処分は一切支那を畏憚し、人心収攬の政略に出たることと視做し、昨年1、2月之際は流言風説、無底止姿たに候処、此際恰も好し、東京に生擒されたる如く申唱へたる尚典〔尚泰の長男〕、御暇帰郷、婚儀をも相整へ、県治飽迄遵奉候様、旧藩王之命を帯び、及説諭候等にて、追々民心も落付。
　今回、旧藩王帰省、再三之説諭にて、先以て表向之方向は一定安堵候得共、何分、今日まで県官頻々更代、一緩一急、際限なきが如くなるを以て、此後迚も何と成行くやうと申如き疑惑有之。真実安堵と申場合に立至り無候次第。何卒此際深く被為尽廟議、前途施政之方向一定容易変更無之様仕度。
　左も無之候ては、折角今日迄特殊之恩典、寛仁之御処分も又々水泡画餅に相帰し可申と顧慮の至に不堪。
　就ては小官不肖譾劣之至に候得共、本官を辱して昨春再度赴任、実況熟察之上、左に鄙見を陳し候。
　第一　県治構成　現今之儘にて当分据置之事
　右者地方官にて司法事務兼任、并に旧藩民刑法参用の如き、又は諸税額類、并に徴収法、或は地方区域名称、吏員組織等、一に旧藩法に依準する如き、或は地方費、官費支出の如き、官吏月手当の如き、殊に徴兵令未だ施行せざる如きを主とし、現行法律規則之未だ施行されざるもの、旧慣

旧法の現に参用するもの如き、枚挙に暇あらず。右の内、著じるしき弊害を発見せざるものは、一に現行の儘に据置度候。尤も已に其筋の指令訓示も有之、法律規則の施行しがたきと認むるものは、其事由を具して指揮を請ひ、又旧慣を改正せんとするも伺出の上、取計と候義にて、新令・旧慣共に県令の用捨自由に任せられ候事には無之に付、現今の儘据置、新旧共に改良取捨すべきものは其特々、伺出候可、点も指問へ無之義と存候。右に付、偏に顧慮仕候義は絶海之殊邦、新旧錯雑之施政上に対し、各省官吏巡回の都度都度、十数日間、皮相の見を以て単に一部局より看察を下し、仮令ば裁判所分離すべき也、税額如何すべき也、徴収法修正すべき也、徴兵可施也等、種々考案報道も可有之哉と存候得共、小邦専治の余勢、一部局の改正動もすれば全局に連関し、一隅の法網密なれば、三隅も亦併せて密ならざるを得ざる場合に立至り、終に竟に方底円蓋、労而無功、或は民情騒然、折角特別之御仕向も水泡に帰し可申と痛心之至に御坐候。何卒爾後、右辺の事情深く御配慮、著しき弊害無之ものは現行の儘、御据置相成度候。

　　第二　脱清人取締之事

　右者已に伺出中に有之、該件は本県治通塞如何の根底に有之。何分にも即今の如き任放主義にては、即ち清国へ復旧嘆願するは琉球国臣子の常分忠節也、此精神は死すとも不止と警官に対し口供候如き、類似叛民までも自由任放に付し置候姿にして、彼等必曰ん。日本政府、支那を畏憚して、御救ひ嘆願は自由に付せり。不日復旧無疑。目下仮立の日本政令は表向き丈け頭を下げおけと他を蠱惑するは勢之然らしむるところ也。如此鴆毒不匡の徒を一点の取締、半斤の罪科も無之ては、政府の威令、更に不相立。百般の施設、徒為に属し無政府と目し可なるべく。又、前行之蠱説、迷誤するは本県三、四十歳以上の者に不可逭〔のがれられない〕の情勢にて、仮令如何様殊典特恩あるも、一時之政略のみにては全体之撲滅相成兼候。慢性病毒とも可申候に付、何卒前回伺出通、旧藩中、他国無手形渡海之科律参用、相応之取締相付候様仕度候。

　　第三　教育引立之事

　右は13年〔1880年〕来、各間切に小学校を設置し、近日に立至り候て

は、大ひに民情に適恰し、父兄は今尚依然たる琉球人たるも、子弟は俄然日本人たるの看ありて、東京修行之生徒共は同地にても抜群之評あり。爾後教育十分に行届き、俊秀の者は追々内地研修等為致、五、六年之星霜相立候可、初めて青壮之者共、旧日の冥夢一醒、百般之施政、不知不知改良可仕。何分今日之通、風俗政法等、十に八、九迄は旧慣据置の人民にして、其心術に関する学業、亦漢学の糟粕に酔飽候ては、精神、肉体、内外、表裏、依然琉球人たるを不道〔のがれず〕、随て大上極楽と視做したる支那追慕の気風は決て不相絶。近くしては本県施政上之碍害、遠くしては外交上の御掛念減期有之間敷。風俗変換は容易の事に無之候得共、幸ひ学事は民情に適したるに付き、此一隅より切入り、他日、青壮者丕変〔大きく変わる〕、全面の改良を相計り候外、前途の見込無之哉に存候。何卒、教育拡張の一点は本県開明之元資に付、十分に引立候様、仕度候。

第四　無禄士族貧困者授産之事

右者本県士族の義は毎々上申候通、有禄士族は僅々三百名前後にて、其他無禄士族（内地世襲卒にして現今士族に編入せられし以下に相当す）にして旧藩中、諸雑役に供し心付授産金等下賜無之部分にて、目下凍餓にせまり候者若干名有之。右之者共、今後何様とか御世話無之ては、区域狭少、外に運用の道なき当県、如何共無致方。元来今日迄何之申立にも及び不申候は、不遠〔とおからず〕支那之救ひ有之、復旧可致に付、無下に嘆願、日本政府之世話は不可受けと、冥頑之説を唱へ来り候由に候得共、到底民心一定之上は別紙第三号探偵書の通に付、追々何とか可申立に付、相応之御世話有之候様仕度。

右三、四項之辺、篤と御評議奉仰候、何分にも東京よりは一千二百海里相距、未だ電信も無之、無保険小形の汽船二、三艘にて、朝だに神戸を発して夕べに御手洗〔広島県呉市の大崎下島にある〕に下碇、或は鹿児島に、山川に、屋久、大島、運天等、彼に此に風浪相避、通常廿日、十五日にして着琉。長くして一ヶ月も相掛り候。

遠裔遐陬〔遠く離れた片隅の子孫と土地〕。況んや特異之国柄に付、無余義〔よぎなき〕情態、御洞察、前途施政之方向、屹度確定容易変更無之様仕度。尚節目上施為之緩急、経費之見積り等、精細意見可申立候得共、大体上に付、何分

之仰、御指揮候上、夫々上申可経先裁心得に御坐候也。
　　明治18〔1885〕年2月25日　　　沖縄県令　西村捨三
　太政大臣公爵　三条実美殿

　上申の趣、聞置候条、施設の方法、経費の予算等、取調更に可伺出事
　　明治18年5月2日

史料 27
沖縄県県治上処分ニ関スル件　西村捨三　1886 年 2 月 16 日
（A03023064300 の 11 〜 21）

　本県廃置前後より今日に至る迄の士民の行為、思想を列陳し、取締上其処分の方案を具し、御指揮を仰ぐこと左の如し。
　本県士族中、党派を分ち国事に奔走、軋轢を生ぜし原由は、去る明治5年中　御親政慶賀之為め、旧中山王尚泰正使伊江王子朝直、副使三司官宜野湾親方朝保の東京へ朝聘せしめ候節、琉球藩土之冊命有之、帰琉候処、爾時三司官亀川盛武なる者ら、琉球元来、日清に両属すと雖、王号名器之係る処は、清国の冊封を受くるにあり。今や日本之冊命相受候ては、日清両国之名器を濫受せし姿たにて、爾後何様不測の国難を醸出するや不可料、右の如き大事件を仮令、親政隆治種々優渥の朝恩を蒙りたりとて、国王にも申裏せず、直ちに御請なせしは不都合なりとて、頻りに冊命返上の異議を主張し、国民亦内地廃藩置県の際なるを以て、立藩之名目に対し、他日廃置の危懼なしとせずとて、大ひに正副使の卒爾〔あわただしい〕なる行為を攻撃せしも、国王尚泰　朝旨遵奉に決意し、稍く落着に及びたれども、爾後台湾事件〔1874年の台湾出兵〕等より種々疑懼の念を発生し、困循趑趄〔とどこおる〕　朝意に支吾〔てむかう〕し事情の難候措置辺有之。遂に明治8年、松田内務大丞派遣、藩制施行。且清国の関係相絶候様被仰出候際、紛紜の藩論に不関、藩王には断然方向を決し　朝意遵奉、御請書指出候途次、彼旧三司官亀川盛武、押登城切諫し、加之、首里士民沸騰、梶

棒等携帯、使者を途中に阻扼し、終に藩王の断行を貫く能はず。

　此後、国論一層詿激〔過激〕に相成、内外に周旋奔走、清国へ脱走、歎〔嘆〕願、外国公使館へ出入り、救援を乞ふに至り。理勢不得已、明治12年、廃藩置県の大令を発せられ候処、迅雷一撃、全国恐懼、過激者は飽迄御請に不及、清国の救援を急請し、結局不得已は城門に砲撃せらるるまで抗拒せんとの事を主張せしも、旧藩王の素志、最初より　朝旨遵奉にあるを以て、終に上京、応命の事に決したれど、爾時の内議は目下微力不能敵。徒に抗拒、惨禍を受けしよりは、陽わに応命上京し、陰に清国に嘆願し、救援を仮らんに如ずと全国士民、不期不期、陽服陰背の主義を取り、脳髄に印し、今日に至るも尚(なお)御指揮を仰がざるを得ざるの張本に有之候。

　偖(さて)、藩王上京後、旧藩士之所論紛紜、彼五年中より異議主張の旧三司官亀川某は社稷為重之主義にて、旧王家に関せず。琉球中の名家を推して国王とし、清国に全属し、琉球を再興すべしとて、頻りに同志を催し、清国へ脱走、嘆願に及び、本県士中第一過激の党派たり。之を目して黒党と云へり。

　又他の一般士民は元来琉球国民生日用の関係、日本と交通を絶するときは一日も難相立、加之数百年来、朝聘の末に付、清国全属は不可然、依然両属、且旧王家に関せず、名家推立等は以之外なる琉球の不為め、王家へ不忠の沙汰なりとて、旧王家初め大ひに之を擯斥(ひんせき)したれども、復旧嘆願の主義は同様にて、此当中よりも脱清者比々有之候、之を目して白党と云へり。

　必竟該黒白二党たる同憂異情の徒と云べく。加之、廃置後、県令時々交替、施政の方向も区々に出て、就中、松田処分官、琉民鎮静の為め相対し、琉民に於ては国土に代へたる誓文の如く心得候、別紙乙第壱号諭達の精神、実行に至ては且之に背馳せし施為も、比々有之候に付、民情全く離背し、脱清者殆んど二百名にも及候形況に候処、岩村前県令以来、小官更任、今日に至るまで、種々上申施行。松田処分官告諭之主旨初めて相貫き、旧藩王家初め士民一同、表向き何等之申分も無之場合に立至り。

　其取締るべきものは無手形海外渡航の者、旧藩法により処分、其引立つべきものは教育を拡張し、前途一般改良の端を開き、目下は諸般可成旧

慣旧俗を存し候様、施政の方向も伺定め、殊に旧藩王家に於ては父子帰省賜金、末男御取立等　朝恩之優渥なるに感じ、帰省の節は表向、県治飽迄遵奉云々の諭告に及び、或は脱清者の取締等に及びたる故、一般士民の迷霧は幾分相破れ候も、何分陽服陰背の頑夢は未だ攪破せず。

　爾来、黒党過激輩を除くの外、白党等の内情たる自から二派に分かるものの如く。一党は元来、明治8年中、藩王の意見通り、藩制御受致し候得ば、仮令時々内地の政令を仰がざるを得ざるも、琉球国は相存し、旧王家は世に相続、今日如き亡国には立至らざるべきを、士民頑固にして今日の沈淪に至りたる、最早無余義事故（よぎなきことゆえ）、今日よりは断然改進、何国迄も朝旨を奉じなば、万々一にも其誠意至情を察しられ、旧藩王の帰住或ひは更に藩を立てらるるやも不被相計との痴情にて、当時県官奉職の者、其他尚家々令、与那原某、其他按司親方辺にも若干右同意の者有之。

　又一方には、家扶親里、内間某等の両人は迚（とて）も今日復藩復住等は政府之為すべきことにあらず、或は宮古、八重二島は清国へ分割の議もあるやに付、該二島へ尚家を封せられ、王家の命脈を此地に存せんことを哀求するが、それも出来ぬと視れば、矢張陽服陰背の主義にて漠然として特別の保護を受け、他日、支那の救援を待つ方得策なるべし、此際一般人民あまり開化しては不知不知（しらずしらず）内地同様に成り行きて、琉球の恢復は一夢に帰すべし。ただ漠然として開明の仕向けを規避〔忌避〕し、旧王家もあまり世間に交際せしめず、人民亦固陋の儘に保守したき精神にて、白党中、自然、改進と固陋との二派に分れたしと、是亦、同憂異情の迷夢たるを免れず。

　然り而して、元より緩慢の士風、たとひ二派に分かるるも、甚敷軋轢（はなはだしき）にも不及、一向平穏に相過候処、近来、旧藩王尚泰は元来の素志に付　朝旨を体し日に開明、一般士民も施政上口の藉すべきなり。追て往来交通も便利と相成、不知不知、物産増殖、教育普及等の方に注意に、復旧の精神は日に薄く相成候景況にて、学校生徒等頻りに勉学、東京修行等を希望し、東京にては已に斬髪等に相成りたる勢に付、彼保守固陋の主義を抱きたる内間、親里等、自家の精神を貫かんとて近来、旧藩王へ種々争論せしものと見へ、甲第一号探偵書の行違ひを生じ、終に帰省、自家の主義を主張し、只管（ひたすら）士民を籠絡し、甲第二号探偵書の景況に立至りたり。即ち甲第三号、

小官、親里との問答書と第一号の探偵書と対照せられば、仮令ひ公然野心なきを表すと雖も、復旧の主義は掩ふべからざるが如し。

爾来、未だ施政上には為指影響なく、人心亦平穏に候得共、第二号探偵書の如き情状にて、比々保守固陋の主義を主張し、旧学可起、孔廟可復、普通中小学校入るべからず、官吏奉職すべからず、何事も旧慣復興を情願すべし、脱清嘆願も怠る可らず等、種々士民を誘惑候ては、元来旧藩王の股肱にして、廃置前後より名望有之親里等巨魁に付、追々同主義の者増加候ときは厚き　朝旨も不相貫、施政の妨害不甚少と被存候条、左之方案相立仰御指揮候也。

第一条
一　人民一般へ告諭之事

本県治の儀は内地と風俗慣例も異なり、且廃置の際、松田処分官より告諭之旨も有之に付、風俗の儀は総て旧風を現存し、施政上に於けるも大抵旧態を参用し、加之、前行告諭の旨に依り、一昨年来、旧藩王家に於ける財産区分下渡一族特別御取立等、有禄士族に於ける金禄の制度御据置等、無禄士族に於ける前後十数万の授産金下付、農民に於ける買上糖代金増等、其他格外之御仁恤不尠〔以下20字削除〕　朝恩優渥無比之幸福と謂う可し。

依之一般人民安堵営業、過日改進候際、近来頑固執迷の徒、密々結合、頻りに慕旧の情焔を煽起し、改進の途を妨げんと企図する者有之哉に相聞へ、施政の障害とも可相成、以の外なる次第に付、爾後右等之行為有之者は屹度取締相当処分に可及、一般人民心得違無之様及、諭告候也。

第二条
一　旧藩科律不応之条参用之事

本県治の義は鍋島前県令之節より乙第二号申立に及び、現に一昨年来、無手形他領渡海の旧刑律参用の義伺済にも相成候前例有之。然るに今般前条及告諭候ても其裁制力無之ては、何の所効も無之に付、別紙乙第三号参照旧藩雑犯律不応の条に準じ、左按の通り今回布達の上、所犯者有之節は事情之軽重に応じ、該律内にて相当処分及び度、何分汎然たる法案に候へ共、今回取締の要領は其根底とするところは、本県固陋士民、

頑夢未醒、琉球復旧の主義よりして、種々流言、結局、県官奉職すべからず、中小学校等入校すべからず、支那の救援期日可来等、教唆鼓動し、現行法律、恐赫脅迫に準ずるまでにも不立至、該党に帰せざる者は親族たりとも往来せず、自然と郷党隣里中の交際出入を絶し、多数を以て他を困迫せしめ、無余義同意せしむる如き手段にて、現法律の明条を以て之を処断する能はず。左りとて逐一条項を掲げ候事も難相成事柄に有之。又違警罪如きにては十分の取締も相立不申候に付、無余義旧藩律不応の精神に依り処断致度候事。
　　按
一　何事に限らず、人を教唆鼓動し、県治上に妨害ありと認むるもの
　　右の行為あるもの屹度取調の上、旧藩不応の律に依て処分に及ぶべし。
此旨相達候事。
　　第三条
一　集会条例発布の事
　　該条例は従来、当県に所用なきが如くにして未だ発布不相成候得共、今回取締上、必用の場合も可有之に付、此際別紙を以て発布の儀上申候事。
　　第四条
一　自後、無手形他領渡海候者は帰国候迄、金禄渡停止之事。
　　右は乙第四号の通、昨18年1月伺定めの上、脱清者取締の為め、無手形他国渡海之旧刑法参用、乙第五号の通り一般人民へ相達候処、今回上申之事情に付ては、一層厳重取締の執迷の途を絶し候には、自今脱清者金禄渡し停止の外無之事。
　　按
　　昨18年4月8日甲第25号を以て海外旅行せしとする者は県庁へ願出、必ず海外旅券〔手形のこと〕申受くるべし。違反の者有之節は旧藩法に依り、屹度処分可致旨、布達及び候処、自今有禄士族にして無旅券渡海の者は帰県候まで、金禄下渡し可及停止、此旨布達候事。
　　第五条
〔三行分削除の跡あり〕
　　内間等の巨魁引致、厳重取糺して及候可、或は同盟約定書又は内外交通

之秘書類等取上げ処分の道相開け一同危懼脱党の者出来可申事。
　明治19年2月16日
　　　　　　　沖縄県令　西村捨三
　　内務大臣伯爵　山県有朋殿

　追申、県治上取締に付、別紙天号の方案相立可伺出際、該号中縷述致候尚家旧家扶、親里盛英義、今回東京尚家より呼戻し候趣、近便申越候由、右は探偵中にも有之候通、帰県後、同志相募り、首里士族一同の名義にて、喜屋武親方等を初め、上京切論せしめんより、同地尚家にて旧藩地人心騒然、県治上に指響き、余波自家の迷惑と相成候ては如何と、過慮引戻しの都合も取計候事なる歟。元来、陽服陰背、旧風固守之精神は琉民一般の思想とも可申姿たに付、旧藩王の断行も相貫き兼候内情と被存候。就ては一時の物情は従前所謂捨身に相成騒立候に引替り、自家の志望相達候に付、或は表向は平和に可相帰候へ共、遺毒固結、県治上の一碍害と可相成に付、此際伺出方案通り決行、将来の取締十分相付候様仕度、乍去（さりながら）第五条巨魁引致取調一条は業に已に前行の景況に付、先以て第四条までを以て及取締、其景況に寄て着手仕度、元来置県来緩急区々、一昨年来民情斟酌、夫是恩典有之候末に付、此際屹度取締相付置候方、寛厳適合可仕、此段副申仕候也。
　明治19年2月16日
　　　　　　　沖縄県令　西村捨三
　　内務大臣伯爵　山県有朋殿

史料28
尚家御取扱振に付意見　西村捨三　1885年2月25日　（A03022939800の1〜3、他にA03022909400の10〜12にも記載あり）

乙号
参事院秘第18号

尚家御取扱振に付意見

右者、同家之義は始祖尚円、賢明君子之質にて、国人推戴登祚以来、四百年于茲歴代中資以上の明君継続、庸儒暴戻の暗主無之。就中近世尚敬王は中興（吾享保度、清の乾隆年間）の名主にて、爾時、道学には程順則、政事には蔡温等、内外に名声有之候人材輩出。政教全浹、琉球国初以来之隆盛を極め、今尚王家の厚沢、民心に徹し、一点も厭棄の情無之。廃置の一挙時運到来、無余儀畏服候迄にて、不屈の内情は別紙甲号縷陳仕候通に有之。然るに旧藩王尚泰のみは時勢に通暁、琉人第一の開明家にて、率天命進退云々居常申居り真に

朝意遵奉の精神は去る八年来事跡に徴して無疑次第。殊に昨春来、父子帰省特別の恩賜等有之、弥以

朝恩の優渥なるに銘肝、同家は業に已に豹変の端相開け候哉に被存。則帰来毎に士民に説得。今回、脱清人取締方も心配着手候様の場合に立至り、其実、県官の万語よりは尚家の一言と申姿たに有之。爾後、一層寛厚の御取扱に帰し候はゞ、延て県治上までも影響を与え、此上之好塩梅と相成可申。

然るに不遠（とおからず）四男尚順（十歳余にして尚家の子弟中第一の俊才也）上京、学業に従事せしめ候趣。他日、県内一般の子弟教育上より丕変（ひへん）全面之改良相謀候節は、当県第二難治の場合と可相成其砌（みぎり）、旧王家に一人開明之俊才有之候へば、大に得策と被存候。究竟国人之天神視する尚氏と純乎日本人の看ある青年者と上下より全琉老頑を矯正候より、慢性毒根治の術案は無之哉に存候。何卒前途の情況御洞察、尚順身上之義に付、出格之御取扱方、偏に希望仕候。尚家も廃置之行掛、渡清人等に全く関係無之とも難申内情有之哉に被存候得共、先近日に立至候ては、幾分改途候様成行き候際、一層注意、同家全く豹変候はゞ随て全国之民心一変可仕、宜敷（よろしく）御詮議有之候様仕度候。

明治18年2月25日　　沖縄県令西村捨三
　太政大臣公爵三条実美殿

史料 29
旧藩王尚泰四男尚順金禄編入之儀上申　西村捨三　1885 年 5 月 20 日
(A03022909400 の 3 〜 4)

第 171 号
　　旧藩王尚泰四男尚順金禄編入之儀上申
　本県治将来針路の儀に付、先般、太政官へ伺出之際、旧藩王家御取扱振の儀、副申之義も候処、御聞置相成候に付、即尚泰四男尚順身分の儀、左に上陳仕候。
　本県旧藩王尚家祖先以来、国民に厚沢を播し今日に曁(およ)ぶ迄、民心感戴君臣上下の分、毫も忘るる処無之。廃置之一挙、時運到来、無余義畏服候姿にて、不屈之内情は曽て縷陳仕置候通に有之。然るに昨春父子帰省特別の恩賜等有之。彌以
朝恩の優渥に奉銘肝、同家は業に已に帰順豹変之端相聞け候哉に被存、則父子帰来毎に
朝旨之優渥を士民に説得し、且又、今般脱清人取締方に於ても種々心配着手候様の場合に立至り、其実、県官の万語よりは尚家の一言に如かずと申程の儀にて、是固より旧君臣の情誼思む可らざる処なり。爾後、一層寛厚の御取扱に帰し候はば、延て県治上にも幾分影響を及ぼす、此上の好塩梅と相成可申。先回、四男尚順（十歳余にして尚家の子弟中、第一の俊才なり）父・尚泰同道上京、学業に従事せしめ候積の処、事故ありて相止め候得共、不日上京就学為致候趣に有之。他日、県内一般の子弟教育上より丕変全面之改良を相謀候節は王家に一人開明の俊才有之候得者、大に得策と被存候。将又尚家の旧例たる王子、十歳に至れば、分家(はたまた)し、知行三百石、外に一ト間切を与え来りし制度にして、既に二男・宜野湾朝広は廃置の前年なるを以、其時、運に遭ふと雖も、四男・尚順は年齢僅に其度に達せざる内、置県に遭遇し、禄を得るの道を失ふに至るは実に憫然の至候に付、旁尚順身上の儀は二男・宜野湾朝広同様、御取扱相成度、偏に希望仕候。即二男金禄第壱号算出書之通に有之候。右に準拠し、士族へ入籍、更に金禄編入、御允可相成時は、全国の民心に不少影響を来すは必然の儀に

有之候条、至急特許之御詮議相成候様仕度。因て第弐号禄制書相添、此段上申候也。
　　明治18年5月20日　　　沖縄県令西村捨三

　　内務卿伯爵山県有朋殿
　　大蔵卿伯爵松方正義殿

史料30
内務省土木局長西村捨三賞与の件　1886年10月11日　山県有朋（国立公文書館「公文類聚」第10編　明治19年第8巻）

内務大臣官房第46号
　内務省土木局長西村捨三賞与の件
　　　　　　　内務省土木局長西村捨三
　右明治16年12月、内務大書記官より沖縄県令を兼任せしめられたるに、該県は大に内地と異にして、又当時甚だ困難の事情あり。赴任後一層勉励し、施政上諸般の事務、稍緒に就き、務て島民を慰撫し、旧来の弊習をして漸次改良に赴かしめ、三年間数回、風濤の険を冒し、任地に往来したる段、勤労不少。依て特別を以て相当の御賞与相成度、右閣議を請ふ。
　　明治19年10月11日　　内務大臣伯爵山県有朋

内甲93号
明治19年10月18日　　　内閣書記官　印
　　内閣総理大臣　花押　　　内閣書記官長　印

　内務省土木局長西村捨三賞与の件
　　　別紙内務大臣稟請、土木局長西村捨三賞与の件を按ずるに、同人儀は曩に内務大書記官を以て沖縄県令に兼任し、三年間十二回風濤の険を冒し、任地に往来し、又宮古、八重山等へも渡航六回に及びたる趣に有之。抑該

県は南洋荒灘の中に僻在し、其人民たる厭新慕旧の頑民にし、他の府県に異り、施政上困難の事情も可有之と思考す。依て此際慰労として左の通、賜品可相成信哉、裁を仰ぐ。
　　　辞令案
　　　　　内務省土木局長西村捨三
　曩に沖縄県令兼任中、風濤の険を冒し往復数回、格別勉励。其労不少。依て慰労として花瓶一対下賜候事。
　明治19年10月27日
　　花瓶一対　装飾共　代金285円
　　　内務省並会計検査院へ通牒

史料31
西村捨三特旨叙位の件　明治41〔1908〕年叙位巻一　（国立公文書館より）

　　元農商務次官　西村捨三
　　　　　天保14年〔1843年〕7月生
〔前略〕
十二年〔1879年〕地方官会議の時、会議草案取調掛及会議御用掛を命ぜられ、番外委員を務めたり。
琉球処分に就ては就官の初めより之れに与り、種々困難の事情ありしも、処置機宜に適し、命を全ふするを得たり。他日沖縄県令に任ぜられたるも之れが因縁なるべし。〔中略〕
沖縄県令就任以来、孜々として旧弊釐革に鞅掌し〔忙しく働き回る〕、首に学校を興し、道路を改築し、海路交通及殖産興業等に就ては大に力を用ひ、又藩王尚泰を東京に移住せしむるに当ては、同地未聞の大変動にて、士民の驚愕一方ならず。動もすれば一大騒擾を惹起せんとする勢にて、請願に継くに種々なる懇請を以てし、容易に動くの気色もなく、一、二要路の士は脱走して支那政府の応援を請ふ等、形勢甚だ穏かならず。政府、遂に藩王をして上京せしむ。其後、該県士民、旧藩王の帰県を懇請するや、当

時、民情未だ全く穏かならず。事理に不明の徒、款を支那に通ずる等の策を弄し、旧藩王帰県すれば、或は之を引留め、意外の紛擾を来さん虞も有之。為に政府は容易に許可を与へず。捨三は官に請ふて総ての責任を引受け、尚泰を伴いて県地に到り、旧藩士等を懇諭し　朝廷の難有を知らしめ前後施設皆宜しきを得て、些の紛擾もなく、再び尚泰を伴ひ東上したり。且つ風濤の険を冒して往復数回、在職僅に二年余と雖も治績克く挙りたり。因て特に銅花瓶一雙を賜う文に曰く。

　曩に沖縄県令兼任中、風濤の険を冒し、往復数回、格別勉励、其功不尠。依之慰労として花瓶一対下賜

　　　　　　　　内閣

〔後略〕

史料32
西村捨三口述　内山鷹二著『御祭草紙』　1908年1月　大林帳簿製造社出版　(info:ndljp/pid/781852)　沖縄県関係部分

43頁後3行目より

　12年〔1879年〕中、時の内務卿は伊藤〔博文〕公にて、琉球処分のことあって松田道之氏、処分官とし出張せられ、予は東京にて琉球事件の係りにて、〔元琉球国王尚泰の〕賜邸の準備などをなしたり。後日、沖縄県令たる因縁となれるが如し。

　松田道之〔1839〜1882〕といふ人は身体小兵にして精悍、大ひに吏務に通じ、大久保公〔利通〕内務卿時代に品川弥二郎君と共に大書記官なりし。性格には違ひあれど、よき棒組なり。琉球処分は余程手際よかりき。

　12年より15年まで少書記官、権大書記官、大書記官を経て16年の冬、沖縄県令を兼ねたり。〔西村の沖縄県令は1883年12月21日より1886年4月27日まで〕

　此間、清水谷の大久保公哀悼碑建立の挙に関したり。〔1878年5月14日、内務卿大久保利通は東京府麹町紀尾井町清水谷で不平士族6名によって暗殺された。

「紀尾井坂の変」1888年5月に「贈右大臣大久保公哀悼碑」が建立された。〕元松方伯〔松方正義〕か何が、隕命の場所へ紀念物を創立せんとの意ありし故、予、其労を取り、幹旋して敷地二千坪は北白川宮の御寄付を願ひ、岩崎家〔岩崎弥太郎〕より数千円の寄付あり。各地方官も縁故ある人は百円づつ寄付され、碑石は仙台石を引き、豊碑を作り、碑面は三条公〔三条実美〕の染筆、碑陰は重野氏の撰文、金井氏の揮毫にて、庭園をしつらへ、殊に碑畔の松林は公が王子西ヶ原の農事試験所に下種せられたる稚松を用ひたりしに、今や目通り三尺内外の樹木となれり。

　成功は予が沖縄県令を止め、土木局長となりし頃なり。紀尾井町の道傍には桜樹を植付け、赤坂より通ずる堀に擬宝珠付の橋を架せられ、内外桜樹を植付けられ、五、六万円の金を掛け、一場の勝地と化し去り。公が隕命当時、寂寞たる境とは覚へずなり。終に東京市の公園に引継ぎ、保存の道も十分になり、又歳時の祭典は故旧を会し、今に執行せり。

　12年より15年までは庶務局長、警保局長、参事員の議官補などを歴任せり。

　16年〔1883年〕時の内務卿は山田顕義伯なりしが、抑(そもそも)沖縄県は当時、新創の県にして、兎角事情疎隔せるを以て、内務省より兼任する方、可然(しかるべし)とて、兼務を命ぜられしなり。

　全体、琉球は日清両属の国にて、廃藩為県の断行は彼が首鼠両端〔迷っていて決心がつかないこと〕にして、外国公使に嘱して色々の苦情を申立、不落付(おちつかざる)のこと多かりしより、処分されたるなれど、一通の御達しに内地諸藩同様の取扱ひには心服すべくもあらず。

　概して守旧の精神多く、清国に脱走して哀願する者絶へず。新政不服にて、松田氏以来、鍋島〔鍋島直彬　1879年5月19日～1881年5月18日〕、上杉〔上杉茂憲　1881年5月18日～1883年（明治16年）4月22日〕等の両華族県令となり、綏撫せられたれど、旧弊を改むべきこと枚挙に遑(いとま)あらず。学校、病院の新設等もありて、琉球人の耳目に馴れぬ事多く、又、革新に急なる意向もありて、兎角苦情絶へず。

　検査院長、後、兼沖縄県令岩村高俟〔通俊が正しい　1883年4月22日～1883年12月21日〕氏等、渡琉視察の上、一切旧政を変更せず、綏撫を重

んずることとなり。学校も病院も旧規に復し、四書五経の素読に変したり。琉人は大ひに喜びたれど、更新の目途は立ず。

且兼て尚泰侯親子の帰省を請求し居りたるを以て、嫡子尚典を新旧県令交替の際、同道することになり〔1884年2月16日に西村県令と尚典は那覇に到着。尚典は3月3日に婚礼を行い、4月7日に帰京する〕。

禄制の如きも金禄の儘、其他旧規により下賜金などあり。士民安堵、歓喜の姿にて一時の苦情は止みたれど、予が考へに、禄制の斟酌旧規により労に酬ゆる賜金、地方組織等多年の慣習あるものは復旧可然なれど、折角小学校に普通教育を施せしを四書五経の素読に変ずる如きは、前途改進の見込なきこと故、学制なれば却て、鍋島、上杉時代の制に依る方、当然と為し、新旧混交の法に依りしが、19年〔1886年〕の春、予、同県令転任の際、山県内務大臣巡回のときには、小学生徒は立派なる日本語にて祝文を明読するに至れり。其際、中学校も出来、英語科の設けもあり。東京留学の子弟も出来、今は大学卒業者の両三名ある筈なり。

17年の2月渡航、5月帰省せり尚典氏〔尚典は1884年2月1日に横浜から琉球に向かい、4月7日に横浜に戻っている〕も、帰琉後、人心安堵し無滞、東京に帰りたれど、旧藩王〔原文は藩主とあるが、藩王が正しいので、以下すべて藩王に改める〕尚泰氏の帰琉を請ふて止まず。為に安司親方等の担保状を取り、帰りたり。

全体琉球頑冥の徒は、尚泰氏は東京に幽囚さるる如き感ありて、朝廷の優遇を解せざる故、一度思ひ切り帰琉、朝旨のあるところを説明せしめ、一意朝旨を奉ずべきことを懇諭せしむるに如ず。然し万一、頑民帰琉を奇貨とし騒ぎ立てては如何との気遣ひありしやうなり。

依て在琉中の日を限り、臨時不穏の挙動あるときは警察官を以て藩王の居所を守り、尚ほ不穏の挙あらば、直ちに那覇に繋ぎたる汽船に移すべしと数ヶ条の盟約をなし、悉しく琉球の事情を奏聞し、8月中、同道帰県することとなり〔尚泰は1884年8月8日に横浜から出発し、8月23日に那覇に到着。翌年1月24日に那覇を出発、2月16日に横浜に戻っている〕。

神戸より乗船。当夜、芸州御手洗〔現在は広島県呉市大崎下島にある御手洗港〕に碇泊せり。旧藩王の歌に「御手洗の清水のもとへ立ち寄れば、夏を

夏ともおもわざりけり」。

　此人は予と同年にして〔西村は1843年8月24日生まれ、尚泰は同年8月3日生まれ〕、日本語は可なり弁し、性来聡明快闊の人にて、廃藩置県の節、直ちに上京の命に応ぜしも此人、時を知るの明ありしなり。余程気も付、面白き人なりせしが、今や物故せられたり〔1901年8月19日没〕。

　着琉の節は出迎の人、雲集雀躍せり。在琉中は念を入れ、毎々の大宴会引きも切らず。兼て当春、尚典氏〔尚泰の長男〕と同道帰京の節、那覇より首里までの一里計りの敷石歩道を車道に変更し、那覇港口の物見城〔御物城（おものぐすく）〕と唱ふる勝地に、物産陳列所を建設せしめ置きたれば、尚泰氏に同地の臨場を促がし、首里より腕車にて出覇する仕掛をなし、博覧会場にて宴会を催し、琉球の組躍りを興行し、烟花打上げ、又予め氷塊を儲へ、琉球子弟の氷味を解せさせるものに、喫驚せしむるなど、あらゆる驚喜を買ふべき仕掛をなし、那覇湾の周囲三里計りに泡盛の一石入り大瓶を36ヶ所に据付け、大篝（かがり）を焼き、琉球人民の祝賀の為め、来覇するものは勝手に縦飲を免るし、山海如湧、徹夜の大宴会をなせり〔10月1日〕。

　一方には旧藩王、朝旨のあるところを懇諭せられ、一方には県令との交際は如此、又、旧藩王は首里の中城殿とて世子殿に在寓せられたる、其寓所へ県令初めを招待して宴会あり。書画の余興などありて、尚泰侯の歌に霜目の初めなれば「まれ人の訪ふ嬉しさに今宵こそ心の中は春めきにけれ」とありし。予も五律一首を賦答せしが、忘れたり。

　如此歓会の中に時日も過ぎ、翌二月帰京の期となりぬ。〔尚泰等が那覇を発ったのは1885年1月24日〕為に琉球官民、送別の宴を催さんとて、一興を思ひ付きたり。首里城畔に龍潭とて、西の丸下の十分一位ひなる城溝あり。冊封使など御馳走の為め、鯉、鮒、鰡、鯰、鰻などを飼養し、今や尚泰氏即位後、冊封使来らざる為め、魚類充実せり。依て其池水を切落し、魚を手摑みにせん経営なりしか。いやはや魚類の大にして沢山なる。手取りも自由にして、深水の処に網を下せしが、一網に目の下二尺計りなる大魚50本もかかりて、引上ることならず。又、鰻の三尺回りあるべき大蛇の如きもの、のたくりまわり手にも足にもかからざる。巡査が抜打に切って捨てたるなど目ざましきことなり。これより中学校にて大饗宴を開き、

按子〔按司〕親方など総召にて旧主目下〔めした〕に献酬、皆々家苞〔いえづと〔わが家に持ち帰るみやげもの〕〕に大小の魚を遣し、是は琉球在来の旧物、諸君と共に賞翫すべし。最早冊封使の来るときにあらず、と大噱〔おおわらい〕したり。
　これより二月の末、旧藩王帰京のこととなり。〔2月16日に東京に着く〕途中、佐多沖にて強風に出逢ひ、困難せり。幸に無事なりき。讃州沖に至り、金比羅山は崇徳院を崇め奉り、尚氏の遠祖と崇む鎮西八郎に因縁ある御神故〔ゆゑ〕、参詣可然とて、琉球人等合せ60余人、多度津より揃の茜の鉢巻したる車夫にて、金比羅の虎屋を下陣として参詣し、神楽を奏したり。其時、旧藩主の歌に「海山の広き景色をしめ置て、神の心や楽しかるらん」。宝物展観を終へ、それよりなんでも新付の酋長、日本を楽み、且崇敬せしめずんばあるべからずと、近江八景巡覧を中井桜州老〔滋賀県令中井弘〕に計り、石山参詣〔滋賀県大津市の石山寺。近江八景の一つ〕をなしたり。四山積雪の景色、旧藩王の歌に「遠山に雪は残れど盃の傾く影は春めきにけり」。
　それより伊勢、四日市より参宮をなし、同勢60人、白足袋紅鉢巻にて、津の長き町をやーとこせーにて進行し、よき見せ物と相成り、伊勢にて大々神楽を奏して敬神の意を表せしめたり。油屋の踊りを見せ、当夜は佳人陪酌したりと云、予は知らず。
　これより外郊上、英露の衝突とか何とか、又、日本朝鮮事件とか何とか蚊とか云ふことで、琉球沿海も一層の取締り必用となり。
　〔1885年〕4月頃、渡琉し、汽船出雲丸を常備として警戒したり。其節、琉球の東方200浬計りなる無人島・大東島と唱ふるを沖縄県に組み入れたり。その後、冒険家一二度往来せし由なれど、必竟〔ママ〕無用なりき。
　19年〔1886年〕の春、最早一通りの仕事も終りたれば、内務大臣の巡回を乞ひ、山県公来琉のこととなり。2月中、薩摩丸にて来遊せられたり。
　琉球の珍敷〔めずらしき〕観覧物、又、要地、学校等の巡覧もすみ、上家の饗宴などもあり。宮古・八重山島の巡回、続ひて五島、対馬等まで回航せられたり。予も随従して、帰京後、土木局長専務となれり。
（〜54頁）

1885年11月5日付西村捨三僭称上申に依拠する文書

史料33
無人島久場島魚釣島之義に付伺　丸岡莞爾　1890年1月13日
（B03041152300の34）

甲第一号
　　　無人島久場島魚釣島之義に付伺
管下八重山群島の内、石垣島に接近せる無人島魚釣島外二島之義に付、18年11月5日第384号伺に対し、同年12月5日付を以て御指令の次第も有之候処、右は無人島なるより、是迄別に所轄をも不相定、其儘に致置候処、昨今に至り水産取締之必要より、所轄を被相定度旨、八重山島役所より伺出候次第も有之旁、此際管下八重山島役所々轄に相定度、此段相伺候也。
　　明治23年1月13日　　　　知事
　　　　内務大臣宛

史料34
内務省県治局長よりの照会　末松謙澄　1890年2月7日　（B03041152300の35）

県沖第6号
本年1月13日、甲第1号を以て無人島役所所轄之義に付伺書、被差出候処、18年11月5日、御県第384号伺へ対する同年12月5日指令の顛末書、取調上、入用に付、右の写、御廻送有之度、此段及照会候也。
　　明治23年2月7日
　　　　内務省県治局長末松謙澄

沖縄県知事　丸岡莞爾殿

史料 35
沖縄県知事の回答　丸岡莞爾　1890 年 2 月 26 日　（B03041152300 の 36）

指令顛末書取調之義に付、県沖第 6 号を以て御照会の趣、了承。依て別紙一括書類写及御送付候条、至急御指令相成候様、可然御取計相成度、此段及御回答候也。
　　明治 23 年 2 月 26 日
　　　　　　　知事
　　　内務省県治局長殿

史料 36
久場島魚釣島ヘ本県所轄標杭建設之義に付上申　奈良原繁　1893 年 11 月 2 日　（B03041152300 の 31）

甲第 111 号
　　久場島魚釣島ヘ本県所轄標杭建設之義に付上申
　本県下八重山群島の北西に位せる無人島、久場島・魚釣島之義、本県所轄とし、大東島の例に倣ひ、本県所轄の標杭建設致度儀に付、去る 18 年 11 月 5 日、第 384 号を以て上申仕候処、同年 12 月 5 日付を以て、目下建設を要せざる儀と可相心得旨、御指令相成候処、近来該島へ向け漁業等を試みる者有之。取締上にも関係不尠義に付、去る 18 年鏤々上申仕候通、本県の所轄とし、其目標建設仕度候条、至急仰御指揮度、曩きの上申書及御指令写相添へ、此段重て上申候也。
　　明治 26 年 11 月 2 日
　　　　　　沖縄県知事　奈良原繁　印
　　　内務大臣伯爵　井上馨殿

外務大臣　　　陸奥宗光殿

史料37
県治局長より沖縄県知事への照会　江木千之　1894年4月14日
（B03041152300の47）

甲69号
内務省　26年11月　　秘別第34号　判決　4月21日文書課長　施行
4月21日
明治27年4月14日　　　主査　府県課長　印
　　　　県治局長　印
大臣　印
　　次官　印
　　　参事官　印

　　久場島、魚釣島へ所轄標杭建設の義に付上申
　　　　　　　　　　　沖縄県
右案一応照会可然歟仰裁。
　追て本件は別紙の通り、明治18年中、伺出候得共、清国に交渉するを以て、外務省と御協議の末、建設を要せざる旨、指令相成。併せて太政官にも内申相成候件に有之候。
　　　　照会案
客年11月2日付を以て久場島、魚釣島へ所轄標杭建設の義、上申相成候処、左の件承知致度。
　一　該島港湾の形状
　一　物産及土地開拓見込の有無
　一　旧記口碑等に就き、我国に属せし証左、其他宮古島、八重山島等との従来の関係
右及照会候也。

年月日　　　県治局長
　　　　　　沖縄県知事
　　　　　　　　親展

史料38
沖縄県知事の県治局長への回答　奈良原繁　1894年5月12日
（B03041152300の46）

県処治秘　第12号の内
復第153号
久場島、魚釣島港湾の形状、及其他の件に付、秘別第34号御照会の趣、了承致候。然る処、該島は去る18年中、県属警部等派出踏査せしめ候以来、更に実地調査致さざるを以て、確報難及候得共、当時出張員の調書及回航船出雲丸船長報告書は別紙の通りに有之候条、其写し并略図相添へ、此段及御回答候也。
　明治27年5月12日
　　　　　　　沖縄県知事　奈良原繁　印
　　　内務省県治局長　江木千之殿

　追て該島に関する旧記書類及我邦に属せし証左の明文又は口碑の伝説等も無之。古来、県下の漁夫、時々八重山島より両島へ渡航、漁猟致し候関係のみ有之候条、此段申添候也。

史料 39
県治局長の内務大臣への伺　県治局長　1894年12月15日
(B03041152300 の 44 〜 45)

県治局　秘494号　庶務局　27年12月17日　合秘第83号　閣議　施行1月12日　参事官　送　12月18日　戻　12月24日　合評　庶務送　12月17日　戻　12月17日
内務省 27 年 12 月 17 日秘別 133 号　決判　12 月 27 日　文書課長　施行 12 月 27 日
明治 27 年 12 月 15 日　　主査　府県課長　印
　　　県治局長　印
　大臣　印
　　次官　印
　　　参事官　印
　　　　庶務局長　印

　　　久場島魚釣島ヘ所轄標杭建設之義上申
　　　　　　　　沖縄県
　　本件に関しては別紙の通、明治 18 年中伺〔明治 18 年 11 月 5 日の森長義が西村捨三名義で書いた上申伺を指す。B03041152300 の 32〕出候得共、清国に交渉するを以て、外務省と御協議の末、建設を要せざる旨、指令相成、其旨、太政官にも内申相成候処、其当時と今日とは大に事情を異に致候に付、標杭建設の義、御聞届の積りを以て、左案相伺候。

　　（本文魚釣島・久場島に関する地理の沿革等、遂調査候得共、何分其要綱を得ず。海軍省水路部 210 号地図の八重山島の東北方、和平山及釣魚島の二島は右に該当するものの如し。而して同部員の口陳に依れば、右二島は別に従来何れの領土とも定まらざる趣に有之。地形上沖縄群島中の一部と認むべきは当然の義と被考候間、先以て本文の通、取調候）

閣議提出案
別紙標杭建設に関する件閣議提出す
　　　年　　月　　日　　　　大臣
　　　　　総理大臣宛

（別紙）
沖縄県下八重山群島の北西に位する久場島・魚釣島は従来無人島なれども、近来に至り該島へ向け漁業等を試むる者有之。之れが取締を要するを以て全県の所轄とし、標杭建設致度旨、同県知事より上申の通り、標杭を建設せしめんとす。
右閣議を請ふ。

史料40
内務大臣から外務大臣への協議文　野村靖　1894年12月27日
（B03041152300の29）

秘別第133号
久場島魚釣島へ所轄標杭建設の義、別紙甲号〔奈良原繁沖縄県知事の93年11月2日付け甲第111号文書　B03041152300の31〕之通り、沖縄県知事より上申候処、本件に関して別紙乙号〔85年11月27日の「無人島国標建設の義に付伺」B03041152300の37〕の通り、明治18年中、貴省と御協議の末、指令及びたる次第も有之候得共、其当時と今日とは事情も相異候に付、別紙閣議提出の見込に有之候条、一応及御協議候也。
　　追て御回答の節、別紙御返戻有之度候也。
　　明治27年12月27日
　　　　内務大臣子爵　野村靖
　外務大臣子爵　陸奥宗光殿

史料 41
外務大臣より内務大臣への回答　陸奥宗光　1895年1月11日
（B03041152300の39）

親展送第2号
明治28年1月10日起草　明治28年1月11日発遣
　　　　政務局長　小林印
機密
　　外務大臣子爵　陸奥宗光
　内務大臣子爵　野村靖殿
　　久場島及魚釣島ヘ所轄標杭建設の件
久場島及魚釣島ヘ所轄標杭建設の義に付、沖縄県知事よりの上申書及明治18年中、全県への指令案相添ヘ、客年12月27日附秘別第133号を以て御照会の趣了承。本件に関し本省に於ては別段異議無之候付、御見込の通り御取計相成可然と存候。依て右附属書類相添ヘ此段回答申進候也。

史料 42
標杭建設に関する件　野村靖　1895年1月12日　（A01200793600の1、2）
「公文類聚」・第十九編・明治二十八年・第二巻・政綱一・帝国議会・行政区・地方自治一

秘別第133号
　　　標杭建設に関する件
沖縄県下八重山群島の北西に位する久場島、魚釣島は、従来無人島なれども、近来に至り該島へ向け漁業等を試むる者有之。之れが取締を要するを以て、同県の所轄とし、標杭建設致度旨、同県知事より上申有之。右は同県の所轄と認むるに依り、上申の通り標杭を建設せしめんとす。
右閣議を請う。
　　明治28年1月12日

　　　　内務大臣子爵　野村靖

史料 43
内務大臣請議及び指令案　1895 年 1 月 14 日　（A01200793600 の 2、3）

内甲 2
明治 28 年 1 月 14 日
内閣総理大臣　花押　　　内閣書記官長　花押
外務大臣　花押　　大蔵大臣　花押　　海軍大臣　花押　文部大臣　花押
逓信大臣　花押　　内務大臣　花押　陸軍大臣　花押　農商大臣　花押

別紙内務大臣請議、沖縄県下八重山群島の北西に位する久場島、魚釣島と称する無人島へ向け、近来漁業等を試むるもの有之為め、取締を要するに付ては、同島の儀は沖縄県の所轄と認むるを以て、標杭建設の儀、全県知事上申の通、許可すべしとの件は、別に差支も無之に付、請議の通にて然るべし。

　指令案
　標杭建設に関する件、請議の通
　　　明治 28 年 1 月 21 日

参考資料

史料44
沖縄県及小笠原島に徴兵令施行の件　1897年5月5日　軍務局長
（C06082620800 の 6、7）

一　琉球藩を廃し沖縄県を置かれしより十数年の久きに亘り、未だ徴兵令を施行せざる所以のものは、当時去り難き事情の存するありしも、今や其事情は殆ど顧慮を要せざるに至り、且民政も明治29年より郡区制を施行し、内地と稍其撰を同ふしたれば、徴兵令を施行するの好機は此時にあり。加袮（これにくわえ）九州の二師管は他の師管に比し、人口寡少なるを以て、沖縄県に徴兵令を施行するは、人口に対する徴集人員の平均を得せしむるに於ても亦必要のこととす。〔小笠原島については略す〕

史料45
久米赤島、久場島及魚釣島帝国版図編入経緯　外務省条約局編『国際法先例彙輯』(2)「島嶼先占」昭和8年〔1933年〕10月　（B10070281100 の 21～22）

　　　其三、久米赤島、久場島及魚釣島帝国版図編入経緯
沖縄県と清国福州との間に散在する久米赤島（久米島より未申の方、大凡（おおよそ）70里の距離にあり、支那国福州を去ること約200里）、久場島（久米島より午未の方、大凡100里を距て、八重山島の中、石垣島に接近せる、大凡60里余に位す）及魚釣島（方位、久場島と同一にして、唯10里程遠し）の三島は別に支那国所属の証跡見えず。且つ沖縄所轄の宮古、八重山等に接近せる無人島嶼なるを以て、国標建設に関し沖縄県知事より上申ありたるを以て、右の詮議方、太政（さきだ）大臣へ上申するに先ち、明治18年10

月9日、山県内務卿より井上外務卿へ意見を徴し来れり。外務卿は熟考の結果、本島嶼が支那国国境に近接せること、蕞爾(さいじ)たる島嶼なること、及当時、支那国新聞紙等に於て、帝国政府が台湾近傍の支那国所属島嶼を占拠せし等の風説を掲載せられ、支那国政府の注意を促し居ること等の理由に依り、国標の建設、島嶼の開拓は他日の機会に譲る方、然るべき旨、10月21日、回答せり。依て12月5日、内務、外務両卿より、目下建設を要せざる儀と可心得旨、沖縄県知事へ指令ありたり。

明治23年〔1890年〕1月13日、沖縄県知事より本件島嶼は従来、無人島なるより、別に所轄を定めず、其儘に為し置きたる処、近時、水産取締の必要より、所轄を定められ度き旨、八重山島役所より伺出(た)ありたるに付、旁々管轄所定方、内務大臣へ上申ありたり。

明治26年〔1893年〕11月2日、更に沖縄県知事より本件島嶼に向け、漁業等を試むる者あるに付、之が取締を要するを以て、同県の所轄となし、標杭建設致したき旨、内務、外務両大臣へ上申ありたり。依て27年12月27日、内務大臣より本件閣議提出方に就き、外務大臣へ協議ありたるも、異議なかりしを以て、閣議へ提出の上、明治28年1月21日、閣議の決定を経て、内務、外務両大臣より曩(さき)に上申中の標杭建設の件、聞届くる旨、沖縄県知事へ指令ありたり。

あとがき

　2013年6月に『日中領土問題の起源　公文書が語る不都合な真実』を上梓した後、日本の「尖閣諸島」領有後に発生した問題をまとめる積もりでいたが、途中から1885年から1895年までの日本の領有経緯に的を絞ったものに変更した。その理由は「はじめに」の部分で書いたので、ここでは繰り返さない。内容的に重複する部分があることは事実だが、これまで見逃していた事実の発見、それに基づく新解釈が存在しているし、日本の領有過程をいっそう明確にすることができたと思っている。

　特に注目すべきは1885年に山県有朋内務卿が最初に出した内命は、沖縄本島の東方に位置する無人島・大東島への取り調べではなく、沖縄県近海無人島の取り調べであった。したがって西村捨三沖縄県令は早い段階から沖縄本島の西方、清国福州との間に散在する無人島への取り調べの内命があることを意識していた。この事実に気づいたことで、それまで疑問に思っていたことが面白いように解けていった。第3章以降の展開には新味がある、と筆者は自負している。しかしこの点は読者のみなさんの判定を待つべきであろう。巻末に収めた付録史料は貴重である。日本の尖閣領有過程を知るためだけでなく、当時の日本の沖縄政策を考えるうえでも役立つであろう。西村捨三口述の『御祭草紙』は沖縄関係箇所だけを掲載したが、他の部分も読むと実に面白い。この人物は研究に値する。日本近代史の専門家による本格的な研究を期待している。

　前著の出版からおよそ1年半が過ぎた。この1年半、日中関係はきわめて憂慮すべき状態が続いてきた。その原因は安倍首相の靖国参拝に代表される「歴史認識問題」と尖閣諸島・釣魚島をめぐる「領土問題」であるとされている。日韓関係もきわめて不正常で、こちらは「従軍慰安婦問題」が主な原因とされている。いずれも一本の太い糸で繋がっている。そ

れは過去とどう向き合い、未来をどう築いていくのか、ということである。

中国は 2014 年 9 月 3 日に「中国人民抗日戦争勝利記念日」69 周年式典を行った。今年は 70 周年。日本が「尖閣諸島」（当時、そのような呼称はなかったが）をこっそりと「領有」してから 120 周年でもある。いずれも過去とどう向き合い、未来をどのように築いていくのかを考えるいい材料である。習近平総書記が 9 月 3 日の 69 周年記念座談会で行った講話はインターネットで公開され、筆者もそれを読んだ。翌 9 月 4 日に『人民日報』東京支社の記者からメールが届き、今夜 10 時までに習近平講話についての見解を 400 字程度で書いてほしい、との依頼を受けた。急な話で、400 字程度という短文を、しかもその日の晩 10 時までにまとめるのは大変である。断ろうと思ったが、中国が 9 月 3 日を抗日戦争勝利記念日としていることに筆者は異論がある。この機会にそれを伝えたいと思い、以下の文章を書いた。『人民日報』側からすれば「的外れ」の内容なので「ボツ」になるであろうことは予期していた。ただ一つの「異見」として伝えたかっただけである。

過去を重んじるのは新しい未来を創るため

村田忠禧

われわれは同じ地球に生きているが、国家という枠からまだ自由ではない。政治、歴史、文化、環境が異なるだけでなく、生活水準、教育程度も各人各様である。見解の相違、対立が発生するのは自然なことである。同一の物体でも角度によって見え方は異なるし、ましてや顕微鏡、望遠鏡を通せば、まるで別世界に見える。認識の一致を性急に求めてはならない。

過去を感情に頼って語ってはならず、事実に基づく客観的認識が必要である。事実を尊重する理知的誠実さがあれば、事実の共有化は実現できる。事実の共有化ができれば、認識も次第に共有化していく。しかし現実世界は多元・重層的で、共有化すべき事実は無限に存在する。真偽の識別や軽重の取捨選択が必要だ。この作業を国家の枠を越えて共同で行い、成果を

人類全体に公開していくことが望ましい。それが実現できれば、過去は未来を切り開くための貴重な財産として生まれ変わるであろう。

　筆者が９月３日を抗日戦争勝利記念日とすることに異論を唱える理由は以下の通り。日本では昭和天皇がラジオ放送を通じて国民に戦争の終結を伝えた８月15日を「終戦（敗戦）」記念日としている。中国が９月３日を抗日戦争勝利の日とするのは、中華民国政府がその日を休日にしたことに由来する。しかし抗日戦争勝利の日、すなわち大日本帝国敗北の日は、東京湾に碇泊したミズーリ号上で、大日本帝国代表が連合国側にたいし降伏文書に署名した９月２日とするのが常識である。８月15日にしろ９月３日にしろ、自国民向けであるという点では共通している。こうした思考方法、行動様式のままでは認識の共有化は不可能である。
「戦争を知らない世代」が大半を占める時代になった、とよく言われる。筆者も戦後生まれの一人。筆者のような世代の人間は、ごく普通の労働者、農民が軍国主義「教育」の結果、平気で人殺しをする「鬼」となって多くの罪を犯したみずからの体験を、涙ながらに告白して戦争の罪悪、平和の尊さを訴える元兵士に接することができた。人間としての魂を取り戻した彼らの勇気ある発言から、戦争体験のない世代であっても、戦争とは何かを真剣に考えた。
　しかし歳月の経過とともに戦争の「語り部」は次第に舞台から消えていく。「戦争を知らない世代」が大半になり、若者はアニメやゲームで仮想の「戦争」を楽しんでいる。時の流れとともに戦争の傷痕が薄らいでいくのは現実であり、止めようがない。遠ざかる過去を見渡すには、より高い地平に立つ必要がある。感性に頼った認識だけでは断片的、部分的なものに終わる恐れがある。理性に基づく認識になってこそ、認識は普遍性を持つことができる。しかし理性に基づく認識には事実の裏付けが不可欠である。事実を尊重する精神があれば、冷静で客観的にものごとを見ることができるようになる。戦争と平和の問題を人類共通の課題とするために、国境や民族といった垣根を可能な限り低くして、共同して、多角的、多面的、総合的に考える環境を作る必要がある。そのためには自国第一の視点から

解放される必要がある。そのようなことを伝えたかったのが上述の拙文である。

本書の原稿をほぼ開き終えた10月26日、神奈川大学で開催された日本現代中国学会全国学術大会で「日本の『尖閣諸島』領有にいたる経緯を検証する」と題する報告を行った。4月17日に台北の中央研究院近代史研究所主催の「多元視野下的釣魚台問題新論」国際シンポジウムで行った「日本の『尖閣』領有過程の検証」という報告をベースにしたもので、本書の骨格部分でもある。台湾でのシンポジウムは先方から要請されての報告だったが、日本での報告は自由論題報告に応募することで実現したものである。日本の学会ではこの問題を学術問題として正面から議論するのを避ける傾向が強いことに不満と不安を覚えたからに他ならない。幸い、多くの会員が報告を聞いてくださり、有意義な意見交換ができた。

そのあと、原稿がほぼ書き終えたので11月4日から15日まで中国訪問を行った。北京大学歴史学系の王暁秋先生ご夫妻と5月に沖縄を訪れたことがあり、王先生から北京大学で報告をするよう求められていたので、約束を果たすべく、まずは北京を訪れ、北京大学と中国国際問題研究院でそれぞれ報告を行った。報告は10月の現代中国学会での報告用に使ったPPTを用い、拙い中国語で行った。北京大学歴史学系では収容人員70名程度の教室だったが、100名を越す聴衆が参加してくれた。講座が夜開かれたことも影響したのであろう。学外からの参加者も多く、活発な質疑応答が展開され、真剣かつ愉快な交流ができた。

10日に武漢に行く予定であったが、APEC首脳会議開催の影響で北京市は7日から臨時休日。北京にいても交流ができない。幸いなことに大連理工大学、さらには東北大学からお誘いがあったので、7日に飛行機で大連入りし、その日の午後、大連理工大学の日本語科の学生を対象に講演を行い、翌日は高速鉄道で瀋陽まで行き、東北大学の日本語科の学生を対象に講演を行った。両校とも日本語による報告であった。9日に大連に戻り、10日に武漢に飛び、武漢大学で一日目は日中領土問題について、二日目は胡徳坤・武漢大学辺界与海洋研究院長と「日中関係の過去、現在、未来」をテーマにした一種の「トークショー」。1946年生まれの二人がそ

れぞれの歩んできた道と今後の日中関係についての思いを語った。そのあと武漢からおよそ250km西にある宜昌市五峰土家族自治県へ個人旅行に出かけ、少数民族・土家族の農家を訪れ、お手製の地元料理を御馳走になった。食後、静かな山村にあるその農家の前庭で椅子に腰掛けしばしの間、日なたボッコをし、お蔭で旅の疲れも癒された。

　こうして中国各地をあわただしく回って交流をしていた折、北京ではAPEC首脳会議を直前に控えた11月7日、日中両国政府の外交当局者が「日中関係の改善に向けた話合い」という4項目の合意文書を交わした。以下に示す左側は日本の外務省が公表したもの、右側の中国語は新華社が公表している内容である。

日中関係の改善に向け、これまで両国政府間で静かな話し合いを続けてきたが、今般、以下の諸点につき意見の一致をみた。

1　双方は、日中間の四つの基本文書の諸原則と精神を遵守し、日中の戦略的互恵関係を引き続き発展させていくことを確認した。	一、双方确认将遵守中日四个政治文件的各项原则和精神，继续发展中日战略互惠关系。
2　双方は、歴史を直視し、未来に向かうという精神に従い、両国関係に影響する政治的困難を克服することで若干の認識の一致をみた。	二、双方本着"正视历史、面向未来"的精神，就克服影响两国关系政治障碍达成一些共识。
3　双方は、尖閣諸島等東シナ海の海域において近年緊張状態が生じていることについて異なる見解を有していると認識し、対話と協議を通じて、情勢の悪化を防ぐとともに、危機管理メカニズムを構築し、不測の事態の発生を回避することで意見の一致をみた。	三、双方认识到围绕钓鱼岛等东海海域近年来出现的紧张局势存在不同主张，同意通过对话磋商防止局势恶化，建立危机管控机制，避免发生不测事态。
4　双方は、様々な多国間・二国間のチャンネルを活用して、政治・外交・安保対話を徐々に再開し、政治的相互信頼関係の構築に努めることにつき意見の一致をみた。	四、双方同意利用各种多双边渠道逐步重启政治、外交和安全对话，努力构建政治互信。

　この四項目の合意文書が交わされたことで、11月10日の日中首脳会談は実現した。わずか25分間という短時間のもので、別に新味があったわけではない。ドアは常に開けている、と無条件の対話を主張してきた安倍

首相が、一転して4項目の合意文書に応じたのは、追い詰められた結果であることは間違いない。今後、日中両国政府がこの合意を尊重し、遵守していくよう、しっかりと見守っていかなければならない。12月30日に新華社が発表した2014年の国際十大ニュースの一つに「中日が関係改善を図るうえの合意に達した」ことが含まれている。そうあってほしいという願いを込めた評価といえよう。世界は日中関係、日韓関係が改善することを望んでいる。世界の重心は中国を核とするアジアに移りつつある。そのなかで中国、韓国という大切な近隣との友好関係を築き、発展させることができなければ、日本は時代の潮流から取り残され、ますます小さな国になってしまう。北京APECにおける安倍首相の存在感の薄さはそれを予感させるものである。

神奈川県日中友好協会経済文化交流部会が12月13日に実施した経済文化講座では『中国国境　熱戦の跡を歩く』（岩波書店、岩波現代全書、2014年）を出版した石井明東京大学名誉教授に講演をお願いした。同書のサワリともいうべき点を紹介していただいたが、1978年8月の日中平和友好条約締結交渉の会談記録のうち、尖閣諸島問題に関する部分のみ、会談記録が公開されていないとのこと。しかし園田直・外相や杉本信行・元上海総領事の記録等から、両国間で尖閣・釣魚島問題が話されたことは間違いなく、会談記録が存在しないはずがない。中国側当事者である張香山の回想によれば、鄧小平が先にこの問題に触れたとあり、日本側当事者は日本が先に提起したという。「日中双方の記録を比較し、どちらが先に尖閣諸島問題に言及したかを含め、両者の間で実際にどのような共通の了解ができたのかを知ることは尖閣諸島問題を検討するうえで、大きな意味があります」（石井著241〜2頁）として会談記録の開示を請求しても、外務省は「存在しない」の一点張り。開示を拒む外務省の不当な対応を、静かな口調ながらはっきりと指摘する氏の報告は印象的であった。

2014年が終わろうとする12月31日、これに関連するビッグニュースがロンドンから届いた。NHKはニュースでイギリス公文書館の記録画像を映しながら以下のように報道した。

『NHKニュース』（2014年12月31日）尖閣は現状維持で合意

「尖閣は現状維持で合意」機密解除の英記録
12月31日 14時29分
http://www3.nhk.or.jp/news/html/20141231/k10014374941000.html

　沖縄県の尖閣諸島を巡り、昭和57〔1982〕年、当時の鈴木善幸総理大臣がイギリスのサッチャー首相と会談した際、「中国との間で現状を維持することで合意し、問題は実質的に棚上げされたとサッチャー首相に伝えた」とイギリス側が記録していたことが明らかになりました。

　これは昭和57〔1982〕年9月に当時の鈴木善幸総理大臣が来日したサッチャー首相と会談した際の内容をイギリス政府が記録したもので30日、機密解除されました。
　それによりますと、鈴木総理大臣は沖縄県の尖閣諸島について、みずからが中国の当時の最高実力者鄧小平氏と会談した経験を紹介し、「日中両政府は大きな共通の利益に基づいて協力し、詳細についての違いはひとまず触れないことで一致したと伝えた」としています。
　そして、記録は「鈴木総理大臣は、その結果、問題を具体的に取り

上げることなく現状を維持することで合意し、実質的に棚上げされたとサッチャー首相に伝えた」としています。

当時、サッチャー首相はイギリス領だった香港の将来の統治の在り方について中国側と本格的な話し合いに臨もうとしており、鈴木総理大臣は、鄧小平氏との直接対話を勧めたということです。

日本政府は尖閣諸島に関して、わが国固有の領土であり、解決すべき領有権問題は存在せず、中国との間で「棚上げ」や「現状維持」で合意した事実もないという立場を一貫して示しています。

外務省幹部「『棚上げ』合意した事実ない」

これについて外務省幹部はＮＨＫの取材に対し、「鈴木元総理大臣の発言は確認できていないが、尖閣諸島を巡って中国側と『棚上げ』することで合意したという事実はない。尖閣諸島は、歴史的にも国際法上もわが国固有の領土であるという日本政府の立場に変わりはない」としています。

　ＮＨＫの取材を受けた外務省幹部は「鈴木元総理大臣の発言は確認できていない」と答えているが、外務省外交史料館書庫には「サッチャー英国首相夫妻訪日（公賓）」という件名で欧州局西欧課が作成した2冊の簿冊が保存されている。その管理番号は2014-0824と2014-0825である。事実関係を確認しようと思えば外務省幹部ならすぐにできる。しかし彼はそれを怠り「尖閣諸島を巡って中国側と『棚上げ』することで合意したという事実はない。尖閣諸島は、歴史的にも国際法上もわが国固有の領土であるという日本政府の立場に変わりはない」とお決まりの回答でその場をしのいでいる。鈴木元首相が日本政府の立場に違反する内容をサッチャー首相に伝えたとでもいうのだろうか。外務省幹部の不誠実な対応は批判されてしかるべきである。そのような発言を、公正さを装って報道するＮＨＫの姿勢も問題である。筆者は1月5日に外務省外交史料館にこの件に関する日本側記録を閲覧することについての問い合わせをした。利用制限区分が「要審査」となっているからである。すると「個人情報」やら「警備情

報」が含まれる恐れがあり、しかも案件が非常に多いため、審査に10カ月も時間を要するとのこと。公賓として日本を訪れたイギリス首相との日本の首相の会談は公的活動であり、公開すべきものであるし、警備情報などには関心がない。イギリス政府が公開した記録と日本政府の記録とを比較したいのだ、と説明しても頑として受け付けない。いくら話しても埒が明かない。日本の情報公開は実に問題が多い、ということをあらためて実感した。

同じニュース報道でも共同通信ロンドン発半沢隆実の「尖閣『現状維持の合意』 82年日英首脳会談 鈴木首相が明かす」という記事のほうが問題点を的確にとらえている。筆者が見た新聞のうちでは『琉球新報』12月31日がもっとも詳細に報道している。

共同通信が伝える「尖閣諸島問題に関する鈴木善幸首相発言」 1982年9月20日の日英首脳会談の記録中（原文は英語）は以下の通り。（『琉球新報』2面解説より）

鈴木氏はサッチャー首相に対し、鄧小平氏と一対一で率直な交渉をすることがいいだろうと助言した。

尖閣諸島の領有権をめぐる論争で、鈴木氏は特に鄧氏が協力的であるとの認識を持った。（鈴木氏によると）鄧氏は実際に、重要なのは（日中両政府が）共通の問題に集中し、小さな差異は脇に置くことだと述べ、尖閣諸島の将来は未来の世代の決定に委ねることができるとの考えを示した。これ以降、中国側は尖閣問題に言及することはなかった。

サッチャー氏に鄧氏との直接交渉を勧めた鈴木氏の助言は、論争となっている尖閣諸島について鈴木氏自身が鄧氏と直接交渉した経験に基づいている。その結果、鈴木氏は（鄧氏と）、日中両国政府は大きな共通利益に基づいて協力すべきで、詳細に関する差異は脇に置くとの合意に到達した。（鈴木氏によると）その結果、（尖閣の）問題を明示的に示すことなしに現状を維持することで合意し、問題は事実上、棚上げされた。

共同通信は専門家の解説として矢吹晋・横浜市立大学名誉教授の話を紹

介している。

　　外国首脳にまで尖閣諸島をめぐる問題を『棚上げした』との認識を首相自身が伝えているのは、日中関係において『棚上げ』の存在が当時、常識だったことを裏付けている。鄧小平氏が 1978 年に日本で記者会見し、尖閣について日中間で触れないことで合意したと明らかにした際に、日本は特に反論しておらず、異論がなかったと国際的に受け止められても仕方がない。日本政府が現在『棚上げはなかった』などと主張しているのは無理がある。日本政府は事実を認めた上で、日中関係の改善を図るべきだ。

「日中間に領土問題は存在しない」「棚上げはなかった」とする主張は完全に成り立たない。この島の問題について、日中両国政府は異なる見解を有しているという点についてはすでに昨年 11 月 7 日に合意しているではないか。この合意をきちんと守ることが双方の信頼関係構築の第一歩である。見解が異なる場合、己の見解を主張するだけでは言い合いに終わってしまい、問題は解決しない。双方が相手の主張にきちんと耳を傾け、その主張に正しいところがあれば受け入れ、正しくないと判断するのなら根拠を示して反論をすればよい。そのような対話の繰り返しで相互理解は深まっていく。大切なことは事実を重視し、道理に基づき、かつ冷静な対話を実現することである。そのような真摯な対話を繰り返し積み重ねていけば、双方の信頼関係は構築されていく。

　残念ながら政府間でそのような関係が早急に実現するとはとても思えない。各界各層のさまざまな形の友好交流・対話を押し進めるなかで、歴史を前進させる努力をするしかない。本書が少しでも貢献できれば幸いと思っている。

　本書は日中双方のさまざまな人々との交流・対話の成果である。刊行にあたっては花伝社のみなさん、とりわけ平田勝社長と山口侑紀さんにお世話になったことを記して感謝の意を表します。

2015 年 1 月 5 日　村田忠禧

村田忠禧（むらた ただよし）
神奈川県出身（1946年7月生まれ）
東京大学文学部中国文学科卒、同大学院博士課程中国哲学専攻単位取得満期退学
東京大学教養学部助手、横浜国立大学助教授、教授を経て、
現在は横浜国立大学名誉教授
神奈川県日中友好協会副会長
専門　中国現代史　現代中国論　日中関係論
主な著書
『日中領土問題の起源　公文書が語る不都合な真実』（花伝社）
『現代中国治国論　蒋介石から胡錦濤まで』（許介鱗との共編　勉誠出版）
『尖閣列島・釣魚島問題をどう見るか　試される二十一世紀に生きるわれわれの英知』（日本僑報社）
『チャイナ・クライシス「動乱」日誌』（蒼蒼社）
訳書『周仏海日記（1937～1945）』、『毛沢東伝（1893～1949）』（いずれもみすず書房）
『日本軍の化学戦　中国戦場における毒ガス作戦』（大月書店）
『「毛沢東の私生活」の真相　元秘書、医師、看護婦の証言』（蒼蒼社）など。

史料徹底検証　尖閣領有

2015年1月25日　初版第1刷発行

著者　──　村田忠禧
発行者　──　平田　勝
発行　──　花伝社
発売　──　共栄書房
〒101-0065　東京都千代田区西神田2-5-11出版輸送ビル2F
電話　　　03-3263-3813
FAX　　　03-3239-8272
E-mail　　kadensha@muf.biglobe.ne.jp
URL　　　http://kadensha.net
振替　──　00140-6-59661
装幀　──　水橋真奈美（ヒロ工房）
印刷・製本―中央精版印刷株式会社

©2015 村田忠禧
本書の内容の一部あるいは全部を無断で複写複製（コピー）することは法律で認められた場合を除き、著作者および出版社の権利の侵害となりますので、その場合にはあらかじめ小社あて許諾を求めてください

ISBN978-4-7634-0727-6 C3036

日中領土問題の起源
──公文書が語る不都合な真実

村田忠禧 著　　定価（本体2500円＋税）

● 尖閣諸島は日本固有の領土か？
公文書がひもとく「領土編入」に隠された真実
豊富な資料と公文書を緻密に分析
日本、中国のはざまで翻弄される琉球・沖縄の歴史

尖閣問題の核心
―― 日中関係はどうなる

矢吹 晋 著　　定価（本体2200円＋税）

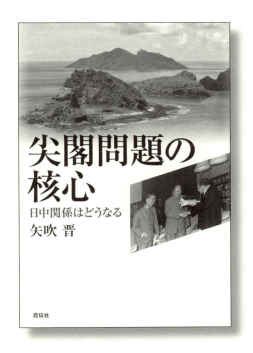

●紛争の火種となった外務省の記録抹消・改ざんを糺す！
尖閣紛争をどう解決するか
「棚上げ合意」は存在しなかったか？　日中相互不信の原点を探る。
日米安保条約は尖閣諸島を守る保証となりうるか？

尖閣衝突は沖縄返還に始まる
―― 日米中三角関係の頂点としての尖閣

矢吹 晋 著　　定価（本体2500円＋税）

●なぜアメリカは、尖閣の領有権問題で中立なのか？
なぜ「沖縄返還」は、「領有権返還」ではなく「施政権返還」だったのか？　なぜ周恩来は、日中国交回復交渉で尖閣棚上げを提起したのか？
なぜ中国・台湾は、アメリカの尖閣ミサイルの射爆場設置に抗議しないのか？
知られざる日米沖縄返還交渉の舞台裏と尖閣衝突の起源